文景

Horizon

诗歌与警察

18世纪巴黎的交流网络

Poetry and the Police

Communication
Networks in
Eighteenth Century
Paris

Robert Darnton

[美]罗伯特·达恩顿 著　谷大建、张弛 译

上海人民出版社

Chantons, Célébrons, la Réunion des trois Ordres.

一位巴黎的街头歌手，1789 年（法国国家图书馆版画部藏）

目　录

导　言

当代社会，大多数人将大部分时间花在交流信息上，其方式多种
多样，比如发短信、发推文、上传下载文件、加密解码或者打电话。
交流已成为现代生活中最重要的一项活动，从很大程度上来说，它决
定着政治、经济以及日常娱乐。作为日常生活的一个方面，它似乎无
处不在，以至于我们认为自己所处的这个世界和时代都是崭新的，是
前所未有的，并将之称为"信息社会"，仿佛在暗指此前的社会不怎
么关注信息。那么请想象一下，在前信息社会，当男人在田间劳作了
一天之后，或者，当女人偶尔在镇上的取水处聚会时，他们会交流些
什么呢？

显然，认为前信息社会没有信息流动只是一种幻想。自从人类学
会交换信号以来，每一个社会阶段都会有信息交流。现代通信技术的
奇迹让人们对过去产生了误解，甚至让我们误以为交流是没有历史的，
或者说，在没有电视和网络的时代，除非我们将银版摄影法和电报时
代也纳入交流的历史谱系之中，否则思考交流就毫无意义。

2　　　　确实，没有人会轻视活字印刷术的重要性。自古登堡时代以来，印刷术不断展现其影响力，学者们对此已有了解。书籍史现在被认为是"人文科学"（human sciences，人文和社科重叠的领域）中最重要的学科之一。然而，古登堡之后的几个世纪里，大多数男人和女人（尤其是女人）仍然不识字。虽然他们经常通过口耳相传的方式交流，但几乎所有的信息都消失了，没有留下任何痕迹。口语是交流中最重要的一个元素，如果我们不能将这一缺失的元素找回，那么交流的完整历史将无法呈现。

　　　　本书试图填补这一空白。少数情况下，口头交流会留下存在证据，因为它们具有冒犯性。这些话语要么侮辱了要人名流，要么听起来像是异端邪说，要么暗中威胁到了君主的权威。更少见的情况是，国家或教会甚至会对这种冒犯行为进行全面的调查，并将大量与之相关的卷宗保存在档案馆中。本书附录部分的档案材料便是来自一次警察行动，此次行动涉及的范围是我在文献研究中见到的最广的一次。1749年，警察们试图在巴黎全境追查六首诗的下落。彼时正值政治危机，人们朗诵着、背诵着、修改着、吟唱着，并在纸上潦草地写下这六首诗，其中夹杂的各种书面或口头信息也纷呈而来。

　　　　正如大家所知道的，"十四人事件"（L'Affaire des Quatorze）开始的标志是警察逮捕了一名医学院的学生，罪名是他背诵了一首抨击路易十五的诗。在巴士底狱接受审讯期间，这名学生交代了他是从谁手中获得这首诗的。被他供出的人随即被捕。第二个人被捕后也招供了3　　他获得这首诗的来源。逮捕仍在继续，直到警察往巴士底狱的牢房里塞了十四名同谋者，罪名是背诵了未经官方许可的诗歌。镇压恶言非议政府的人是警察的职责所在。但是，他们为什么要花这么多的时间和精力去逮捕这十四个人呢？这十四个巴黎人不仅十分普通、毫无威胁，而且还远离凡尔赛的权力斗争。由此警察的调查行动引起了一个显而易见的问题：为什么凡尔赛和巴黎的当权者那么热衷于追缴这些诗歌？这个问题也引出了许多其他疑惑。通过追问这些问题，并沿着警方在逮捕一个又一个人时所追寻的线索，我们可以发现一个复杂的信息交流网络，研究信息在半文盲社会中传播的方式。

这当中涉及的信息传播方式有好几种。这十四人中的大多数都是法官助理和教士，他们精通书面文字，在碎纸片上誊抄了上述的诗歌。多亏警察在搜身时没收了它们，其中一些纸片才得以保存在巴士底狱的档案中。审讯过程中，这十四个人中有人透露，他们还互相朗诵并背诵了这些诗。比如，一位巴黎大学的教授便凭借记忆背出了其中一首80行之长的诗。记忆的艺术在旧制度的信息传播系统中是一股强大的力量，而最有效的记忆方法则是音乐。"十四人事件"涉及的六首诗中，有两首被谱成了曲，可以按照人们熟悉的曲调演唱。在当时的歌曲收藏著作（通常被称为"歌集"[chansonniers]）中，我们也可以找到这两首诗歌的踪迹。此外，歌集中还有另外一些歌曲和其他形式的口头交流，比如笑话、谜语、谣言和俏皮话（bons mots）。

巴黎人一直在给老曲子撰写新歌词。诗歌经常谈及时事，随着事件的发展，匿名的"才子"又写出了新的歌词。因此，这些歌曲同时也是对公共事务的实时评论，而且数量非常之多。通过它们，我们可

以了解"十四人事件"如何融入音乐歌词，并通过传唱将消息传遍
巴黎的大街小巷。我们甚至能够听到这些音乐，至少能听到现代人用
当时可能存在的曲调唱出来。虽然歌集和没收的诗句中只包含了歌曲
的歌词，但它们给出了曲调的标题或第一行歌词。在法国国家图书馆
（Bibliothèque nationale de France）音乐部（Département de musique）的
"解码书"以及类似的音乐注释文献[1]中查阅这些标题，我们便可将歌
词与旋律联系起来。埃莱娜·德拉沃（Hélène Delavault）是巴黎一位
颇有才华的卡巴莱（cabaret）艺术家，她亲切地同意录制 12 首最重要
的歌曲。作为电子补充材料，这 12 首录音提供了一条通路，尽管相对
简略，但人们可以借此了解信息如何受音乐影响，如何在街巷间传播，
以及如何进入两百多年前巴黎人的大脑。[2]

　　从档案调查到"电子音乐"，此类历史研究会得出不同种类的观
点和不同层次的结论。在处理声音和感觉时，精确地证明某个问题似
乎是不可能的。处理这些虽然有风险，但是也会有很多收获，因而值
得冒险一试。如果能够重温过去的声音，我们对历史的理解就会更加
丰富。[3]但这并不是说历史学家可以奢望聆听过去世界的声音，而是说，
任何恢复口语经验的尝试都要求在使用材料时格外小心。因此，在本

5

────────────

[1]　"音乐注释"可能是指诗歌的歌词所搭配的乐谱、曲调。可参见第 112 页的插图说
明。——译者注

[2]　打开链接 www.hup.harvard.edu/features/darpoe，便可获得这 12 首电子音乐。

[3]　关于该问题的一般性总结，请参见 Arlette Farge, *Essai pour une histoire des voix au dix-huitième
siècle*（Montrouge, 2009）；以及 Herbert Schneider ed., *Chanson und Vaudeville: Gesellschäftliches Singen
und unterhaltende Kommunikation im 18. und 19. Jahrhundert*（St. Ingbert, 1999）。

书的结尾部分，我提供了几份关键的文献材料，读者可以借此来评估我的解释。埃莱娜·德拉沃的电子音乐"表演"在本书最后。它提供了一种与众不同的证明材料，既可用作研究，也可听来欣赏。本书大致内容便是如此。让我们从一个侦探故事讲起。

第一章

追缴诗歌

1749 年春天，巴黎的警察总监（lieutenant de police）接到一项命令，让他逮捕一首以"黑色狂怒的怪物"（Monstre dont la noire Furie）为开头的诗的作者。除了该诗的题目"莫勒帕（Maurepas）先生被流放了"之外，警察没有其他线索。莫勒帕本是海军大臣和王室内廷大臣，在政府中很有权势。然而 1749 年 4 月 24 日，路易十五将他革职并流放。显然，莫勒帕的支持者在此之后写了一些抨击国王的诗，用"怪物"一词来讽刺路易十五，以此发泄他们内心的愤怒。这也是动员警力的原因。毕竟，在一首公开流传的诗文中诽谤国王是一件国家事务，是涉及叛国罪的重大案件。

警方雇佣的大批密探接到调查命令，6 月底，终于有一人找到了线索。他将发现写在一张纸上上报，只有两句话，没有署名和日期：

阁下，我知道几天前有人在他的办公室里藏了一首侮辱国王的诗，此事已基本坐实。如果你希望的话，我可以将他指认

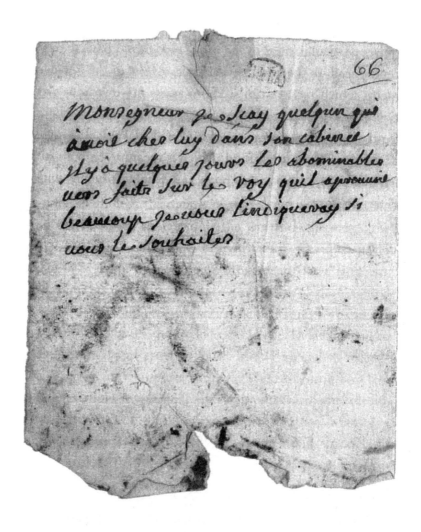

引发了一系列抓捕行动的某位密探的碎纸片（阿森纳图书馆藏）

出来。[1]

获得了 12 金路易（相当于一名不熟练的工人近一年的工资）后，　8
这名密探上交了那首诗的一个抄件，并交代了藏诗者的名字。此人叫
弗朗索瓦·博尼斯（François Bonis），是一名医学生，住在路易大王学
院（Collège Louis-le-Grand），并在这里指导两个来自外省的年轻绅士
的学习。该消息很快便上达政府的最高层，其传递路线如下：那名未
透露姓名的密探将消息传给了书籍贸易监察官约瑟夫·戴梅里（Joseph
d'Hémery），并由他传给了警察总监尼古拉·勒内·贝里耶（Nicolas
René Berryer），然后传给了马克·皮埃尔·德瓦耶·德保尔米（Marc
Pierre de Voyer de Paulmy），即达让松伯爵（comte d'Argenson），时任
战争大臣和巴黎省总长，新政府中最有权势的人物。达让松伯爵立即
做出反应，认为一刻也不能耽搁，命令贝里耶务须尽快速捕博尼斯，
并告诉他下达命令的密札稍后会补上，还强调这次行动必须秘密进行，
只有这样才能将所有同谋一网打尽。[2]

从监察官戴梅里写给贝里耶的报告中，我们可以看出，戴梅里执
行命令的专业性令人钦佩。[3] 这位监察官在重要位置安排了岗哨，又

---

[1] 这段文字的手稿被仓促收起，混在一堆档案文卷中，部分档案盒上贴有"十四人事
件"的标签，现藏于阿森纳图书馆（ms. 11690, folio 66）。其中一些文件已经出版，请参
见 François Ravaisson, *Archives de la Bastille* (Paris, 1881), pp.12, 313–330。

[2] 请参见戴梅里于 1749 年 6 月 26 日写给贝里耶的信，以及达让松伯爵于 1749 年 6 月
26 日写给贝里耶的信。这两份文件现藏于阿森纳图书馆（ms. 11690, folios 40 & 42）。

[3] 见戴梅里于 1749 年 7 月 4 日写给贝里耶的信，藏于阿森纳图书馆（ms.11690, folio 44）。

在附近的角落里安排了一辆马车伺机待命，而他自己则在福万路（rue du Foin）和目标人物搭讪。他对博尼斯说："诺瓦耶元帅（maréchal de Noailles）想要见你，此事与一件荣誉事件有关，涉及某位骑兵队长。"博尼斯相信自己是无辜的，不会引起任何决斗（诺瓦耶负责裁决这类案件）。于是，他自愿跟着戴梅里上了马车，然后消失在了巴士底狱里。

警察采取了常用模式——一问一答——将博尼斯的审讯情况记录了下来，并以准对话的形式呈现。博尼斯和审讯他的警察专员阿尼昂·菲利普·米谢·德罗切布鲁恩（Agnan Philippe Miché de Rochebrune）在审讯结束后都对记录进行了确认，然后在每页上签了名。以下是审讯稿的部分内容：

9

问：他（博尼斯）是否写了一些反对国王的诗，并读给很多人听。

答：他（博尼斯）根本就不是一个诗人，也从未写任何诗歌来反对别人。但是，大约三个星期前，他当时正在圣主医院（Hôtel-Dieu）拜访那里的院长吉松神父（abbé Gisson）。大概在当天下午4点钟，一个教士也来拜访吉松；此人身高超过一般人，看起来35岁左右。他们在谈话时提到了报纸上的新闻，这个教士还说有人不怀好意，编了一些攻击国王的讽刺诗歌，并拿出了其中一首。之后，就在吉松先生的房间里，被告（博尼斯）把这首诗抄了一份，但并没有写下所有的诗句，而是跳过了其中许多内容。[1]

　　总之，按照博尼斯的描述，学生和教士在聚会时讨论了时事，并互相传递讽刺国王的诗歌。然而，这场聚会仍然有诸多可疑之处。审讯稿中还有如下内容：

> 问：他（博尼斯）拿这首诗干什么用。
>
> 答：他（博尼斯）说他在路易大王学院的一间屋子里，当着几个人的面背诵了这首诗，然后就把它烧掉了。
>
> 问：他（博尼斯）所讲的不是事实，他不会为了之后烧掉这首诗才如此积极地抄下它。
>
> 答：他（博尼斯）断定这首诗是某位詹森派信徒写的，他只要看一眼，就能知道詹森派擅长什么，他们怎样思考，以及他们的风格是什么。

　　罗切布鲁恩专员通过宣讲传播"毒物"的罪恶，戳穿了博尼斯　　10
那漏洞百出的辩护。警察从博尼斯的某个熟人那里弄到了这首诗的抄本，从而知道博尼斯并没有把它烧毁。警察承诺会保护告密者的身份，而且他们对博尼斯在获得这首诗后如何处置它也不感兴趣。他们

---

[1]　参考写于 1749 年 7 月 4 日的《博尼斯先生的审讯记录》(_Interrogatoire du sieur Bonis_)，藏于阿森纳图书馆（ms.11690, folios 46–47）。

的任务只是沿着诗的传播路线向前查探，直至找到该诗的源头。[1] 然而，博尼斯并不清楚提供这首诗的教士的信息。于是，警察唆使他给圣主医院的朋友写信，询问该教士的姓名和地址，并编造说他有本书要还给那个人。警察和博尼斯收到了回信，得知他叫让·爱德华（Jean Edouard），是圣尼古拉德香榭教堂（St. Nicolas des Champs）的教士。于是，警察将爱德华也关进了巴士底狱。

　　审讯期间，爱德华说这首诗是从另外一名教士那里获得的，此人名叫安甘贝尔·德·蒙唐热（Inguimbert de Montange）。警察逮捕了蒙唐热，并按照他提供的线索，逮捕了第三名教士——亚历克西·杜加斯（Alexis Dujast）。杜加斯将一位名叫雅克·马利·阿莱尔（Jacques Marie Hallaire）的法律系学生供了出来，导致其被捕。阿莱尔则声称他是从一名律政职员那里得到这首诗的，该职员名叫德尼·路易·茹雷（Denis Louis Jouret）。茹雷被捕后，指认了吕西安·弗朗索瓦·杜肖富尔（Lucien François Du Chaufour）。杜肖富尔是一名哲学系学生，在审讯期间，他把同学瓦尔蒙（Varmont）"出卖了"。瓦尔蒙则因为及时得到消息，躲了起来，但后来他还是自首了，并供出了另一名学生，莫贝尔·德·弗雷纳斯（Maubert de Freneuse）。不过，警察一直未能找到弗雷纳斯。[2]

---

[1]　在 1749 年 7 月 4 日写给贝里耶的信中，达让松将警察工作的目的写得很清楚。他敦促警察总监全力推进调查工作，直至找到诗歌的源头。他这样写道："只要有一线希望，就一定要把这些侮辱人的文字的源头找出来。"（阿森纳图书馆，ms. 11690, folio 51）

[2]　关于每次逮捕行动的详细过程，可以参见阿森纳图书馆收藏的档案盒中的材料（ms. 11690）。但是，有些相关档案已经遗失，尤其是瓦尔蒙、莫贝尔、特罗和让·加布里埃尔·特朗谢的材料，这些文件很可能可以为该事件的后续进展提供信息。

每名被捕者都有自己的档案，里面的信息——以该事件为例，一首与之相关的讽刺诗就包含了大量讨论和相关的阅读材料——有助于我们了解政治评论如何通过交流网络得以传播。乍看之下，传播途径似乎很简单，传播环境也相当类似。传递这首诗的人大都是学生、职员和教士，彼此间大多是朋友，而且都很年轻，年龄最小者只有 16 岁（弗雷纳斯），最大者也才 31 岁（博尼斯）。该诗的句子本身也散发出一种与这些人的气质相符的味道，至少达让松是这么认为的。他把这首诗交还给贝里耶，并写下评论："这首诗太无耻了，对你我而言，它都充满了学究和拉丁语区的味道。"[1]

但随着调查范围的扩大，情况变得更加复杂——又有五首诗出现了。在警察眼中，它们同样具有煽动性。它们不仅有各自的传播路线，而且，这些路线与上文提到的那首诗的传播路径有交会。人们在碎纸片上抄下这些诗，用类似的纸片与别人交换，念给更多的"抄字员"，将之记在脑海里，大声朗诵，印刷在地下小册子中，谱上流行的曲调，或者把它们当成一首歌来唱。除了第一批被押往巴士底狱的嫌疑人外，被关起来的还有另外七人。此后，第二批被拘押者又牵连出五人，只是他们逃脱了。最后，警察将这十四名传递诗歌的人投入巴士底监狱，这也就是这次行动在档案中名字——"十四人事件"（L'Affaire des Quatorze）——的由来。但他们并未找到这首诗歌的源头。事实上，这首诗歌可能没有作者，因为人们可以随意增减诗节和修改措辞。这是

[1] 参见达让松于 1749 年 6 月 26 日写给贝里耶的信，藏于阿森纳图书馆（ms. 11690, folio 42）。

一个集体创作的例子；第一首诗与许多其他诗作交叉重叠，共同形成
了一个诗歌的"流动"世界，从一个传递点跳跃到另一个传递点，使
得空气中充满了警察所说的"坏话"（mauvais propos）或"恶意言论"
（mauvais discours），到处都有配着韵律、具有煽动性的嘈杂之声。

第二章

难　题

　　档案盒里有审讯记录、密探报告，也有各种笔记，这些材料都被放12在一起，贴上了"十四人事件"的标签。它们提供了一系列线索，有助于我们理解"公共舆论"（public opinion）这个神秘对象。毫无疑义的是，公共舆论早在二百五十年前便已经存在。聚集了数十年的力量之后，它给旧制度致命一击，导致其在1789年彻底崩溃。但究竟什么是公共舆论，它又如何对事件产生影响？公共舆论作为一个哲学命题，我们或许对它有一些研究，但如果论及其运作方式，我们还是知之甚少。

　　我们应该如何理解公共舆论呢？我们是不是应该把它理解成人们的一系列抗议之声，认为它和海浪一样冲击着权力结构，从16世纪宗教战争到18世纪80年代高等法院抗议事件，引起一波又一波的危机？或者把它理解成一种舆论环境，受制于一些社会幻想和政治因素？还是说把它理解成一种话语或者一套竞争性话语的集合体，由依托于不同社会基础的各个社会团体加以发展？又或者说是一系列的态度意见，虽然藏于事件的表象之下，但是只要通过调查研究，历史学家就能发13

现它们？界定公共舆论的方式很多，分析角度也多种多样，但是如果我们只关注某一方面，它就会像那只柴郡猫[1]一样，变得模糊不清，难以捕捉。

比起从某个定义来理解公共舆论，我更愿意在巴黎的街道追寻它的踪迹，或者说，因为它本来就不容易把握，我更想通过时间的媒介来追踪某些信息。但是首先，我们要解决公共舆论这个词的理论问题。

尽管有过度简单化的风险，但我认为区分两种观点是有必要的。这两种观点支配着公共舆论的历史研究。一种观点以米歇尔·福柯（Michel Foucault）为代表，尤尔根·哈贝马斯（Jürgen Habermas）则代表着另外一种观点。福柯主义者（Foucauldians）将公共舆论理解为认识论和权力的问题。和所有对象一样，它是由话语构建的。这是一个复杂的过程，需要根据某种认识论框架中的类别来为观念排序。只有当一个物体被话语解释时，它才能够被理解，才会存在。因此，公共舆论直到18世纪下半叶才存在，因为它直到此时才被第一次使用，也只有到了这个阶段，哲学家才会将公共舆论视为一个终极权威和最高法庭，即便政府也得对它负责。哈贝马斯派学者（Habermasians）则从社会学角度来理解公共舆论，认为它和理性一样，只有依赖交流，才能发挥作用。公共问题的合理解决方式有赖于公共领域（*Öffentlichkeit*）本身，也就是说，个体可以自由地讨论公共问题。公开自由的讨论发

---

[1]　柴郡猫是刘易斯·卡罗尔在小说《爱丽丝梦游仙境》中虚构的一只猫，它有一副龇牙咧嘴的笑脸，而且其身体会在特定的时间点消失，只留下笑脸。——译者注

生在印刷媒体、咖啡馆、沙龙和其他机构，而这些场域则构成了布尔 14
乔亚的公共领域。哈贝马斯的公共领域概念，是指家庭生活的私人世
界和国家的官方世界之间的社会领域。哈贝马斯认为，这一领域首次
出现在 18 世纪，因此，公共舆论是一种起源于 18 世纪的现象。[1]

就我个人而言，我认为这两种观点都有可取之处。但是，当我想
要弄清楚档案的意思时，它们并不能提供有益的帮助。我仍面临一个
概念上的难题。当我们试图结合理论问题和经验研究时，都会遇到这
一难题。因此，请允许我把概念问题悬置，回到巴士底狱的档案盒中。

---

[1] 参见 Michel Foucault, *L'Ordre du discours*（Paris, 1971）和 Jürgen Habermas, *The Structural Transformation of the Public Sphere: An Inquiry into a Category of Bourgeois Society*（Cambridge, Mass., 1989）。如果要进一步阅读和讨论这两种理论，参见 Jan Goldstein ed., *Foucault and the Writing of History*（Oxford, 1994）和 Craig Calhoun ed., *Habermas and the Public Sphere*（Cambridge, Mass., 1992）。得益于罗伯特·默顿（Robert Merton）和埃利胡·卡茨（Elihu Katz），我认为，一个更有成效的传播社会学，或者说与法国情况有更多联系的传播社会学，可以在加布里埃尔·德·塔尔德（Gabriel de Tarde）的作品中找到。参见 Tarde, *L'Opinion et la foule*,（Paris, 1901）；塔尔德文章的英文版可参见 Terry N. Clark ed., *On Communication and Social Influence*（Chicago, 1969）。塔尔德提出的部分观念在本尼迪克特·安德森（Benedict Anderson）《想象的共同体：民族主义的起源与散布》一书中得到了更充分的阐述，参见 *Imagined Communities: Reflections on the Origin and Spread of Nationalism*（London, 1983）。

第三章

交流网络

　　仔细阅读过所有的档案之后，我制作了一幅交流网络图，附在了15下一页。它提供了一个画面，从中可以得知交流网络的运作模式。我们可以通过人物间的联系来追寻每一首诗的踪迹。这些诗其实也是一首首流行歌曲，当时的巴黎人经常用特定的曲调把它们唱出来。[1]但是，诗歌经常会在传播路线的某个节点消失，又从另外一个地方"钻"出来，而且与其一同出现的还有来自其他源头的诗歌，因此，它们的实际传播模式肯定会更加复杂，涉及的范围也更加广阔。

────────────────

[1] 比如，以首句为"一个娼妓的私生子"这首诗为例，梅西耶于 1749 年 7 月 10 日在巴士底狱接受审讯时，便将它看成一首歌。当时的各种手稿文集也将它称为一首歌。这些文集还收录了其他的讽刺歌词，并将它们所搭配的曲调也写了出来。巴黎市历史图书馆（ms. 648, p.393）收藏的一份文集中，便将它描述成"一首关于宫廷中的君主、王妃、贵族和贵妇的讽刺歌曲，搭配的曲调是'我应该念忏悔经吗'"。法国国家图书馆（ms. Fr. 12717, p.1）收藏了该诗的另外一个版本，并且将它视为"一首关于 1747 年 8 月法兰西现状的歌曲，搭配的曲调是'当我的情人向我求爱时'"。迈罗伯特（Mairobert）被捕时，警察从他身上找到了一张纸，上面写着该诗的第三个版本，而且它的标题也与第二个版本类似："法兰西现状，所配曲调是'我的情人向我求爱'。"这份文件现在收藏于阿森纳图书馆（ms. 11683, folio 134）。

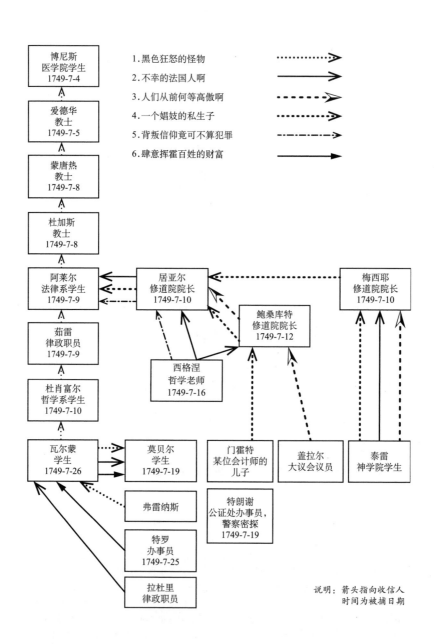

六首诗歌的传播网络图

以"黑色狂怒的怪物"（暂且称之为 1 号诗）为例，按照警察逮捕的顺序，我们可知博尼斯、爱德华、蒙唐热、杜加斯、阿莱尔等人相继于 1749 年 7 月 4 日、5 日、8 日和 9 日被捕，其中，蒙唐热和杜加斯在同一天入狱。传播路线在阿莱尔处出现了一个分支。阿莱尔从最主要的传播路线（示意图中最左侧的那条笔直的路线）中获得了警察正在追查的 1 号诗，该诗以"黑色狂怒的怪物"为首句。此外，他还从克里斯托夫·居亚尔修道院院长（abbé Christophe Guyard）那里收到了另外三首诗。居亚尔所处的位置在整个传播网络中非常重要，连接了两个互相独立的诗歌传播网。他从其他三位诗歌提供者处依次收到了五首诗，其中有两首完全一样。而这三人也有他们各自的诗歌供给者。如图所示，我们暂且将首句为"一个娼妓的私生子"（Qu'une bâtarde de catin）的诗歌称为 4 号诗，该诗最开始在泰雷（Théret）[1]手中，此人是神学院的学生。泰雷而后把它传给修道院院长让·勒·梅西耶（Jean Le Mercier），再由他传给了居亚尔，最后居亚尔给了阿莱尔。3 号诗的首句是"人们从前何等高傲啊，如今却如此卑躬屈膝"（Peuple jadis si fier, aujourd'hui si servile），大议会（Grand Conseil）的议员朗格卢瓦·德·盖拉尔（Langlois de Guérard）把该诗给了修道院院长路易·费利克斯·德·鲍桑库特（abbé Louis Félix de Baussancourt），然后鲍桑库特又传给了居亚尔。但是，根据审讯记录提供的信息，3 号和 4 号诗也在别处出现了，不过它们没有沿着路线继续传播。比如，3

17

[1] 示意图的右下角。

号诗似乎只传到了梅西耶；收到 2 号、4 号和 5 号诗的阿莱尔似乎也没有把它们给别人。事实上，这些诗歌的流传范围可能更远、更广，其实际传播模式比图中所示更加复杂。况且，这十四个人大多因为散布诗歌而被捕，为了减轻罪责和保护他们的联系人，他们很可能隐瞒了大量关于中间人的信息。

显然，因为材料所限，这一模型只展示了整个传播过程中非常小的一个局部。但是，它精确地描绘了交流网络中至关重要的部分，而且巴士底狱的审讯档案提供了大量信息，有助于我们了解这些诗歌传播者的社会背景。这十四个被捕的人均属于巴黎和外省的中等阶层。他们来自受人尊敬、接受过良好教育的家族，大多是职业阶级，少数人可能被归入小资产阶级。比如，德尼·路易·茹雷是律政职员，他的父亲是职位较低的谷物计量员；让·加布里埃尔·特朗谢（Jean Gabriel Tranchet）是公证处的办事员，他也是巴黎一位行政官员——市场办公室的监察员（contrôleur du bureau de la Halle）——的儿子；哲学系学生吕西安·弗朗索瓦·杜肖富尔是食品杂货商的儿子。其他人则来自更加显赫的家庭，逮捕发生后，他们的亲人通过拉关系、写信等方式团结起来为他们辩护。例如，阿莱尔的父亲是丝绸商人，他一封接一封地给警察总监写信，强调他的儿子是一个品性良善之人，并表示阿莱尔的助理牧师和老师都提供了证词来证明他儿子的清白。安甘贝尔·德·蒙唐热的亲属声称蒙唐热是基督徒的学习榜样，而且他的祖先曾在教堂和军队中工作，功勋卓著。昂热（Angers）的主教寄了一份为梅西耶辩护的证明信，认为梅西耶是当地神学院学生的楷模，而且提及他的父亲也十分担心他。皮埃尔·西格涅（Pierre Sigorgne）是普莱西斯学院（Collège du Plessis）的一位年轻老师，在哲学系任教，他的兄弟坚持认为他是一个高尚的人，说他"出身优渥但生遭厄运"。[1] 此外，该校校长也认为西格涅是一位有价值的老师：

> 他凭借自己的文学成就、方法以及他所研究的并受学生欢迎的重要哲学问题，在大学和整个王国中获得了声誉。得知他有可能不能回校授课后，学生们今年都不来上学了，其中一些学生甚至办理了退学，这给我们学校造成了极大损失……为了公共利益，为了人文学科与科学的进步，我要替他说说话。[2]

当然，对于这样的信，我们不能相信它们的表面意思。就同审讯档案中嫌疑人的辩护一样，他们打算让自己看起来是个好臣民，是个不可能犯罪的人。詹森主义者的表现则与他们完全相反。在 1749 年遭到了警察的围捕后，詹森教徒们仍旧忠贞不渝，丝毫没有隐藏对自身事业的忠诚之心。与詹森主义者相比，我们在十四人事件的档案中找不到意识形态的痕迹。比如，杜加斯在审讯期间表示，他和同伴只是对富有诗意和政治品质的诗歌很感兴趣而已。杜加斯还告诉警察，某

19

---

[1] 见"西格涅，律师"传给贝里耶的一份便签，但是未标明日期，该文件现藏于阿森纳图书馆（ms. 11690, folio 165）。

[2] 克罗克（Crocq）校长于 1749 年 9 月 4 日写给贝里耶的信，该文件现藏于阿森纳图书馆（ms. 11690, folio 153）。

天，他去了圣丹尼斯路（rue St. Denis），因为他打算和 18 岁的法律系学生阿莱尔一起吃饭，而阿莱尔的房子就在此处。在吃饭的过程中，他收到了关于莫勒帕被流放的诗歌。阿莱尔的家似乎非常豪华，有专门为朋友准备的用餐房间，他们聊天的内容主要有关人文科学。杜加斯在审讯时对警察说："某一天，年轻的阿莱尔把我拉到一边，给我念了一首反对国王的诗。他虽然是学法律的，但自认为在文学上很有天赋。"杜加斯向阿莱尔借了这首诗的手抄本，并带到学校，然后自己抄了一份。他在各种场合把自己抄的这一份大声念给学生听。某次在学校的食堂朗诵之后，蒙唐热从杜加斯手中借来这首诗，也抄了一份，并传给了爱德华。爱德华又抄了一份，并传给了博尼斯。[1]

　　档案中的信息可以互相佐证，表明该事件与某种类似于地下教士的组织有关系，但是并不涉及什么政治阴谋。很明显，攻读高级学位的年轻教士喜欢用藏在他们长袍下的文学作品来互相攻击。1749 年，教士中爆发了有关詹森主义的争论，某些人或许被怀疑是詹森派。（在虔信程度和神学观点方面，詹森派是严格的奥古斯丁主义者。1713 年，罗马教皇克莱芒十一世［Clement XI］颁布了《乌尼詹尼图斯谕旨》［Unigenitus］，将詹森派斥为异端。）然而，被缴获的六首诗都没有表现出对詹森派的同情。为了离开监狱，博尼斯试图依靠自己的口才，谴责詹森派信徒。[2] 此外，十四人事件中被捕的教士有时看起来并不虔诚，

20

---

[1]　杜加斯于 1749 年 7 月 8 日在巴士底狱接受审讯，该文件现藏于阿森纳图书馆（ms. 11690, folios 60–62）。

[2]　参见博尼斯于 1749 年 7 月 6 日写给贝里耶的信，藏于阿森纳图书馆（ms. 11690, folios 100–101）。

而是更为勇敢，他们关心的是文学，不是神学理论。除了年轻的阿莱
尔，在文学方面自命不凡的另有其人。警察在巴士底狱搜身时，从阿莱
尔的口袋里发现了两首诗，其中一首是抨击国王的 4 号诗，另外一首诗
和一副手套放在一起。这两首诗都来自修道院院长居亚尔，他曾将那副
手套和一些诗文送给阿莱尔，以此偿还债务。这些诗文都是居亚尔针对
社会情势所写的，比较空洞。[1] 居亚尔甚至从梅西耶那里收到了一份更
加俗不可耐的诗，即 4 号诗，其首句为"一个娼妓的私生子"。梅西耶
是在一场讨论会上听泰雷背诵的这首诗。梅西耶把它抄了下来，并在诗
的下面写了一些批评性意见。他并不是反对这首诗所表达的政治观点，
而是觉得它的韵律不好。特别是在攻击大臣达盖索（d'Aguesseau）[2] 的那
段诗句里，他觉得"衰老"（décrépit）与"儿子"（fils）并不押韵。[3]

　　这位年轻的修道院院长将诗传给了那些正在完成哲学年（中学的

---

[1] 阿莱尔于 1749 年 7 月 9 日在巴士底狱接受审讯，相关记录藏于阿森纳图书馆（ms. 11690, folios 81–81）。与手套放在一起的诗歌收藏在阿森纳图书馆（ms. 11690, folios 94–94）。

[2] 达盖索（1668—1751），1717 至 1750 年曾三度出任法国掌玺大臣。——译者注

[3] 梅西耶在 1749 年 7 月 10 日接受审讯（ms. 11690, folios 94–96）。梅西耶呈递给警察的供词说明了信息交流的口头、书写模式与信息传播网的结合方式。该文件的部分内容如下："去年冬天的某一天，他在圣尼古拉斯杜沙多内神学院（seminary of St. Nicolas du Chardonnet）的神学讨论会上听见出席会议的泰雷先生正在读一些诗句，它们均取自一首抨击宫廷的诗歌，该诗首句为'一个娼妓的私生子'；被告向泰雷先生打听这首诗歌，并从他那里获得了这首诗的文本。被告在该诗上写了笔记，还在重新抄录的那份上做了标注。这份新文稿后来传给了居亚尔先生，上面还保留着被告的一些笔记，他不太赞同关于大臣的诗句的写法，认为单词'衰老'与'儿子'并不押韵。被告还说，泰雷先生给他诗歌的那张纸上，还写着另外两首关于'王位觊觎者'（the Pretender）的诗歌，它们的首句分别为'不幸的法国人啊，他们的命运多么悲惨'（Quel est le triste des malheureux Français）和'人们从前何等高傲啊'（Peuple jadis si fier）。被告虽然把这两首诗都抄了下来，但是最终又把它们撕碎了，没有交给任何人。"

最后一年）和其他系的朋友，尤其是法律系。他们的传播网络渗透到
了巴黎大学中最重要的一些学院，包括路易大王学院、普莱西斯学院、
纳瓦拉（Navarre）学院、阿尔库尔（Harcourt）学院和巴耶（Bayeux）
学院。但是詹森主义氛围浓厚的博韦学院（Collège de Beauvais）并没
有牵涉其中。这个网络甚至延伸出了"拉丁语区"（le pays latin）[1] 的范
围。居亚尔的审讯记录显示，他手中掌握的诗歌大都是从教士手中获
得的，然后他把它们传到世俗社会。除了阿莱尔外，一位律师、一个
来自拉弗莱什（La Flèche）总督府的委员以及巴黎某个食品供应商的
妻子都从他那里获得了诗歌。这种诗歌传递通过记忆、抄写和背诵等
方式在朋友网的节点处发生。[2]

21

---

[1]　这是达让松伯爵使用的词语，带有贬低色彩。

[2]　和梅西耶一样，居亚尔在 1749 年 7 月 10 日接受审讯时向警察详细描述了诗歌的传播过
程。审讯记录中这样写道："被告人告诉我们，今年年初的时候，普莱西斯学院的哲学系教授
西格涅先生给他念了几句诗，而且他还把句子写了下来，诗的开头是这样的：'不幸的法国人
啊，他们的命运多么悲惨。'此外，大约在一个月前，他还抄了一些关于二十分之一税的诗句，
其首句写着'背叛信仰竟可不算犯罪'（Sans crime on peat trahir sa foi）被告人还将西格涅传
授给他的那些诗句口述给了达穆尔先生（sieur Damours）。达穆尔是律师顾问，居住在雄鸡
街（rue du coq）正对面的玻璃厂街（rue de la verrerie）。那些关于二十分之一税的诗歌，被告
给了阿莱尔先生，而且在交给阿莱尔的当天，他又把这些诗给了加尼耶夫人（dame Garnier）。
加尼耶夫人居住在埃谢尔街圣奥诺雷路（rue de l'échelle St. Honoré）的一位饮料供应商的家里，
她的丈夫是个粮食供应商，当时正在外省。同时，被告人把开头为'不幸的法国人啊'的诗
歌传递给了比雷先生（sieur de Bire）。比雷是拉弗莱什总督府的一个委员。另外，这名疑犯
还把鲍桑库特先生供了出来，说鲍桑库特把'宫廷的传闻'这首诗的文本和关于王位觊觎者
的诗歌传给了他。鲍桑库特是索邦的博士，居住在布勒托内里的圣克罗伊街（rue Sainte Croix
de la Bretonnerie）。'宫廷的传闻'这首诗，被告人是在鲍桑库特的房间里获得的，并把它传
给了上文中提到的加尼耶夫人。而关于王位觊觎者的那首诗，其开头是'人们从前何等高傲
啊'，被告人并没有将该诗抄写下来。最后，对于刚刚在他的口袋中找到的那首诗歌，被告
人声称那是梅西耶院长写的，也是梅西耶给他的。梅西耶住在巴耶审计学院（audit Collège de
Bayeux）。"这份审讯文件现藏于阿森纳图书馆，索引号为 ms. 11690, folio 73。

随着警察溯源追查的推进，他们的搜索范围超出了教堂。他们突然查到了大议会议员朗格卢瓦·德·盖拉尔、大议会律政职员茹雷、律政职员拉杜里（Ladoury）和一位公证处办事员特朗谢。警察还查到了一群学生头上，这些学生的中心人物似乎是一个叫做瓦尔蒙的年轻人，他正在阿尔库尔学院完成他的哲学年。瓦尔蒙收集了大量煽动性诗歌，其中包括 1 号诗，并将它背了下来，在课堂上口授给杜肖富尔。杜肖富尔是哲学系的学生，他把 1 号诗传给下一个人，最终传到了博尼斯。让·加里布埃尔·特朗谢不仅是位公证人，而且还是警察的密探，他从警察内部得到消息，并将杜肖富尔被捕的消息秘密告诉了瓦尔蒙。但是，特朗谢没能掩盖自己的行踪，因而最终也被关进了巴士底狱。瓦尔蒙则在躲藏一周后自首。在供出给他诗歌的那个人后，瓦尔蒙就被释放了。供出来的人中有职员和学生，其中两人被捕，但警察没能从他们口中得到进一步的线索。从这之后，我们就没有更多的材料了，警察或许也放弃了追查，1 号诗踪迹难觅，它与其他的诗、歌曲、名言警句、谣言、俏皮话混杂在一起，在城市的交流网络中传播穿梭。[1]

---

[1] 警察准备了一份关于十四人事件的总结报告（阿森纳图书馆藏，ms. 11690, folios 150-159），但是并未标明日期，从中我们可以得知，最后这次逮捕行动一共抓获了两个人，分别是弗朗索瓦·路易·德沃特拉韦尔·特罗（François Louis de Vaux Travers du Terraux）和让-雅克·米歇尔·莫贝尔（Jean-Jacques Michel Maubert）。警察给特罗的标注是"出生在巴黎，是大奥古斯丁仓库（commis au dépôt des Grands Augustins）的一名员工"。让-雅克·莫贝尔时年 16 岁，其父名叫奥古斯丁·莫贝尔（Augustin Maubert），是夏特来法院（Châtelet court）的诉讼代理人。让-雅克·莫贝尔在阿尔库尔学院学习哲学，但是千万不要把他和臭名昭著的"文学冒险家"让·亨利·莫贝尔·德古维斯特（Jean Henri Maubert de Gouvest）混淆。让·亨利·莫贝尔 1721 年出生在鲁昂。根据警察的报告（ms. 11690, folio 151），让-雅克·莫贝尔还有个兄弟，叫莫贝尔·德·弗雷纳斯（Maubert de Freneuse）。弗雷纳斯也被牵扯进了传播诗歌的案件，但是警察并没有抓到他。档案中无法（转下页）

（接上页）找到瓦尔蒙的相关卷宗，因此，他在该案件中扮演的角色很难鉴定。根据莫贝尔的审讯可知，瓦尔蒙的父亲在警察局工作。瓦尔蒙之父很可能和警察达成了某种协定，故而，瓦尔蒙后来向警察自首，并且在提供了自己掌握的线索之后被释放。让-雅克·米歇尔·莫贝尔的审讯记录（ms. 11690, folios 122-123）表明，人们经常同时使用口头和书面的传播模式来传递消息："被告人对我们说，几个月前的某天下午，他去看望了一个叫瓦尔蒙的人。在他家，瓦尔蒙把几首反对国王陛下的诗歌拿给了被告人。他说其中有几首是别人给他的，但是名字已经不记得了……被告人还交代了一些信息。其一，瓦尔蒙对他说，那些诗歌中，有一首是那位不知姓名的人靠记忆向他复述的，该诗开头有一句'肆意挥霍百姓的财富'。其二，被告人说，在说出了第一条信息后，瓦尔蒙又在他面前朗诵了另外一首诗歌，该诗的首句是'不幸的法国人啊，他们的命运多么悲惨'。其三，瓦尔蒙把那首关于莫勒帕先生被流放的诗歌的文本送给了他……最后，被告人又补充道，在课堂上，瓦尔蒙当着杜肖富尔的面朗诵了那首与莫勒帕有关的诗歌，而且当时他就在瓦尔蒙身边。"在一份报告（上面的日期只写了"1749 年 7 月"，索引号 ms. 11690, folio 120）中，贝里耶写道，茹雷说他已经从杜肖富尔那里"获得了一份反对国王的 14 节诗歌，标题为'莫勒帕先生被流放了'"。"之所以要来是为了抄写，而杜肖富尔还对茹雷说，自己的这一份，是在阿尔库尔学院的一个哲学系学生朗诵这首诗歌时听写下来的。最后，因为阿莱尔要抄写，茹雷便把该诗给了他。"

第四章

意识形态危机？

看到警察按照如此多的线索追查诗歌，我们或许会产生这样的印
象——他们的调查已经变成一项永无休止的逮捕行动。无论查到哪里，他们都会发现有人哼唱或背诵一些涉及宫廷的粗俗诗句。这些粗鄙的文字在教士阶层的青年知识分子中传播，而在正统思想特别浓厚的地区，这些文字似乎流传得更为猖獗，比如在有产阶级年轻人完成学业的学院里，或是他们度过职业学徒期的法律事务所里。警察是否意识到，处于旧制度核心位置的意识形态已经开始出现危机了呢？或许吧。但是，这些文字是否可以被视为反政府的煽动性言论呢？巴士底狱的档案展现了这样一幅图景：世俗的修道院院长、律政职员和学生兴致盎然地将这些政治八卦编成合乎韵律的诗歌，而且他们从中获得了极大乐趣。这个游戏的危险性可能超出了他们的想象，却绝对不会危及国家。但是，警察的反应为何会如此激烈呢？

西格涅是普莱西斯学院的哲学系教授，时年 31 岁。他被捕后的表现有些特别，在那十四个人当中，他是唯一一个表现出不服从的。与

其他人不同，他否认了自己做的所有事情。他略带挑衅地对警察说，他没有写诗，也没有这些诗的文稿，更没有大声背诵这些诗。此外，他甚至不愿意在自己的审讯记录本上签字，因为他认为这不合法。[1]

首先，西格涅精湛的表演让警察相信他们终于找到了这些诗的第一作者。其他嫌疑人都毫不犹豫地指出了诗的提供者，这要归功于警察在审讯中使用的一些技巧：他们会警告这些嫌疑人，凡是说不出从哪里得到诗歌的人，将被怀疑为诗歌的作者，并受到相应的惩罚。居亚尔和鲍桑库特向警察交代：西格涅在不同场合当着他们的面背诵了两首诗，其中一首为2号诗，有8行，以"不幸的法国人啊，他们的命运多么悲惨"为开头；另外一首是5号诗，共10行，首句为"背叛信仰竟可不算犯罪"。记忆在18世纪已经是一门高度发达的艺术，其他一些犯人也能够熟练运用记忆（比如，特罗［Terraux］在瓦尔蒙面前背诵了6号诗，瓦尔蒙则在听的时候记了下来），但是，记忆的成就却成了锁定这些诗歌作者的证据。

然而，没有任何证据表明西格涅知道警察正在追查的1号诗，"黑色狂怒的怪物"。西格涅在诗歌传播网络中所处的位置只是一个交会点，并且警察只是在调查过程中不经意间将他抓获的。虽然他不是警察一直寻找的人，但是对于警察来说，逮捕他却是非常重大的收

24

---

[1] 与西格涅相关的资料中，最重要的一些文件为：戴梅里于1749年7月16日写给贝里耶的信；罗切布鲁恩于1749年7月16日写给贝里耶的信；"皮埃尔·西格涅先生的审讯稿"，审讯地点是巴士底狱，时间是1749年7月16日。以上三份文件都收藏在阿森纳图书馆里的巴士底狱档案中，索引号是ms. 11690, folios 108–113。

获。在报告中，警察不仅将他描述为一个可疑的人，还认为他是个机智的人（homme d'esprit），他因掌握先进的物理学观念而闻名。事实上，西格涅是第一个在法国讲授牛顿主义的教授，他的《牛顿体系》（*Institutions Newtoniennes*）于其被捕的两年前出版，至今在物理学史上依然占有一席之地。像他这样的教授，不应该向学生讲述煽动性的诗歌。但是西格涅为什么不像其他人那样，他为何要拒绝向警察答话呢？他没有写过诗，也知道如果不配合审讯，他将在监狱里待更长时间。

事实表明，他此后似乎经历了极大的苦难。因被单独关押长达四个月，他的健康状况变得非常糟糕，他甚至以为自己中了毒。此外，从他的兄弟寄给警察总监的信件中，我们可以得知，西格涅的五个孩子和上了年纪的双亲在他被捕后失去了主要的经济来源。他在 11 月 23 日被放出，但被流放到了洛林，并在那里度过余生。后来的情况证明，将他送进巴士底狱的 7 月 16 日密札（lettre de cachet）对他在大学的职业生涯造成了致命一击，但他始终没有向警察屈服。他为什么要这样做呢？[1]

一个名叫安德烈·莫雷莱（André Morellet）的研究哲学的年轻修道院院长曾和西格涅很熟。半个世纪后，他对这段往事仍记忆犹新，甚至记得与这段历史相关的一首诗。根据莫雷莱的日记所述，这首诗的作者是西格涅的一位朋友，名叫邦（Bon），是某修道院的院长。西

---

[1] 西格涅的兄弟给贝里耶的信件，以及关于西格涅在巴士底狱的危险状况的报告，现藏于阿森纳图书馆（ms. 11690, folios 165–187）。

格涅拒绝向警察供出邦，很明显，这是为了保护他，或是为了让他的
几个学生免受牢狱之苦。这些学生中有一位是莫雷莱的同学兼好友，
此人名叫安内·罗贝尔·雅克·杜尔哥（Anne Robert Jacques Turgot），
当时正准备在教堂谋一份工作。在普莱西斯学院学习时，杜尔哥对西
25 格涅的牛顿主义课程十分痴迷，认为他的观点很有说服力。而且杜尔
哥还成了邦的朋友。如果西格涅说出实话，杜尔哥也将被关进巴士底
狱。十四人事件之后，杜尔哥决定从政。二十五年后，他成了路易
十六的财政总监，并出面为西格涅争取了一份修道院院长的工作。[1]

在学生时代，杜尔哥和莫雷莱还有另一个共同好友，此人就是德
尼·狄德罗（Denis Diderot）。狄德罗比西格涅年长六岁，哲学思想也
更为激进。而且，狄德罗编纂的《百科全书》（Encyclopédie）中也有杜
尔哥和莫雷莱撰写的文章。十四人事件发生时，《百科全书》正准备发
行。然而，发行时间最终推迟了，因为在 1749 年 7 月 24 日，也就是西
格涅被捕的八天后，狄德罗被关进了文森城堡（Château de Vincennes）
监狱。狄德罗没有写过对国王不敬的诗，但是他写过反宗教的小册子，
比如《盲人书简》（Lettre surles aveugles）。不幸的是，《盲人书简》出现
在与十四人事件相关的诗歌传播网络中。西格涅在居亚尔面前朗读了

---

[1] 《莫雷莱修道院院长的未出版回忆录》（Mémoires inédits de l'abbé Morellet, Paris, 1822），第
1 卷，第 13—14 页。莫雷莱指出，作为邦最亲密的朋友，杜尔哥必定与该事件有关，但
是并不能确定杜尔哥是否传播过诗歌。莫雷莱的叙述非常详细且精确，他的描述还表明，
十四人事件对他们这群有哲学思考的学生产生了非常大的影响。即使时隔五十年再写回忆
录，莫雷莱仍能引述其中一首诗歌的首句，显然他还记得这句诗："人们从前何等高傲啊，
如今却如此卑躬屈膝。"

5 号诗，而居亚尔又把这首诗夹在《盲人书简》里，送给了阿莱尔。[1]就这样，5 号诗被一位研究牛顿的权威专家介绍给哲学系学生，然后又被夹在由百科全书派领导人所写的反宗教小册子里，传递给其他人。莫雷莱、杜尔哥、西格涅、狄德罗、《百科全书》、《盲人书简》、平方反比定律（the inverse-square law）和路易十五的性生活，这些人和物就这样全部混进了巴黎 18 世纪的交流网络当中。

这是否意味着，巴黎已经埋好线、布好雷，准备引爆了呢？当然不是，档案中并没有任何早期革命的迹象。我们只能嗅到启蒙运动的气息，只能察觉到意识形态上的不满，而威胁国家的事物还没有出现。警察逮捕公开辱骂国王的巴黎人，这是寻常之事。但是在这个案件中，他们在巴黎所有的大学和咖啡馆布下了天罗地网，逮捕了多位修道院院长和律政职员，并用国王的绝对权威全力粉碎他们。警察们为什么要这么做呢？现在可以提出如下问题，根据厄文·戈夫曼（Erving Goffman）的说法，这个问题应被视为每一门人文学科研究的起点：到底发生了什么？

如果考虑其性质，这次行动令人非常困惑。此次行动的主动权在达让松伯爵手中，他是法国政府中最有权势的人。警察的任务执行保密且谨慎。周密的准备工作完成后，他们逐个逮捕了嫌疑人，并将博尼斯等人关入巴士底狱，令后者没有机会与外界接触。这些嫌疑人的

---

[1]　见戴梅里于 1749 年 7 月 9 日写给贝里耶的一封信，现藏于阿森纳图书馆（ms. 11690, folios 79-80）。

朋友和亲人也是在几天后才知道了他们的遭遇。纳瓦拉学院的校长给
警察总监寄了一封令人绝望的信，因为有两名嫌疑人是他的学生。在
信中，他向警察总监询问两个学生的下落，想知道他们是否已经被淹
死了，并坚持认为他们都是学生们的榜样，不会犯罪。这位校长写道：
"如果你知道他们的下落，以神的名义，请务必要告诉我他们是否还活
着；我毫无信心，我的状况比他们还要糟糕。许多他们的亲属和朋友
每时每刻都在向我询问他们的现状。"[1]

27   对于警察来说，严守秘密是必要的，只有这样，他们才能在不惊
动诗歌作者的前提下查找线索。与对付博尼斯的方法一样，他们使用了
各种各样的诡计来引诱目标人物钻进马车，然后迅速将人带入巴士底
狱。他们经常会给目标人物一个包裹，并告诉他，赠送包裹的人正坐在
马车里，希望和他讨论一个问题。这些受害者都没能克制住自己的好奇
心。就这样，这些人消失在了巴黎的大街上，没留下任何痕迹。警察对
自己的专业能力十分满意，他们呈交给达让松伯爵的报告也流露出自豪
感。而伯爵则对他们表示了祝贺。在抓到第一个人后，达让松伯爵命令
贝里耶加大抓捕力度，以便当局能够在"可能的情况下，将此种罪恶
行径的肇始者抓捕归案"。[2]第二个人被捕后，他再次催促警察总监：
"先生，既然我们已经找到了线索，就不能让它从我们手中溜走。不管
这条线索最终会指向谁，我们都必须沿着它查下去，直到找出该诗的

---

[1] 热尔韦斯（Gervaise）于 1749 年 7 月 19 日寄给达让松的信件，以及热尔韦斯于 1749
年 7 月 23 日写给贝里耶的信，藏于阿森纳图书馆（ms. 11690, folios 124 & 128）。

[2] 达让松于 1749 年 7 月 4 日写给贝里耶的信，藏于阿森纳图书馆（ms. 11690, folio 51）。

源头。"[1] 在抓到五个人后，这位伯爵看起来十分高兴，他写道：

> 先生，我们在调查此案件时十分警觉，可谓绞尽脑汁，既然已经取得了这么大的进展，那么我们就必须努力将此事追查到底……我们抓捕的第一个人（一个耶稣会的家庭教师）的情况，我已经报告给了国王，但是自那之后我就再也没有向他汇报过这一案件的进展，直到昨天晚上的工作会议，我才再次向他详细地汇报了此事的后续。我认为，国王对我们在此事件中所采取的所有措施非常满意，他希望我们能一直追查到最后。今早，我将把你昨天写的信给他看，并且，你此后寄给我的任何关于这个事情的报告，我都会呈递给国王。[2]

路易十五对第一批逮捕行动很满意，随后签署了一批新的密札，以供警方使用。达让松伯爵则定期向国王报告调查的最新进展。伯爵看了贝里耶呈递的急件，命令贝里耶务必于 7 月 20 日的"国王起床"（royal lever）仪式（国王日常活动的开启仪式）之前赶到凡尔赛参加紧急会议，并指示贝里耶派人将那些抄没的诗歌送来，以便在与国王的私下会谈中，他能够以事实说话。[3] 高层对该事件的浓厚兴趣足以促

28

---

[1]　达让松于 1749 年 7 月 6 日写给贝里耶的信，藏于阿森纳图书馆（ms. 11690, folio 55）。

[2]　达让松于 1749 年 7 月 10 日写给贝里耶的信，藏于阿森纳图书馆（ms. 11690, folio 90）。

[3]　达让松于 1749 年 7 月 6 日和 10 日写给贝里耶的信，藏于阿森纳图书馆（ms. 11690, folios 55 & 90）。

使国家的整个暴力机构行动起来。但是，我们还得再问一次，是什么原因使这个事件引起了如此大的关注？

这个问题无法从巴士底狱档案的可用文件中找到答案。考虑到这一点，我们就必须正视上文所描绘的交流网络的局限性。学生和修道院院长之间的信息交流图，就其信息传递过程而言可能是准确的，但它缺乏两个关键的环节：与位于职业有产者之上的精英的联系，以及与底层普通民众的联系。在当时人描述政治诗歌传播的文字里，这两个环节表现得很清楚：

> 某个卑鄙的廷臣把它们（粗俗的谣言）改成了押韵的诗，经由身份低微的仆人传到市场和街边路摊。工匠从集市上听到了这些诗，又把它们传给创作这些诗的贵族们。这些贵族则不失时机地前往牛眼厅（Oeil-de-Boeuf，凡尔赛宫的一个聚会场所），以极度虚伪的语气窃窃私语："你读过吗？给你。它们正在巴黎的普通民众中流传。"[1]

尽管有很强的倾向性，但这样的描述展示了宫廷将信息导入交流网络，再从网络中获取信息的方式。战争大臣的弟弟达让松侯爵

---

[1]　参见《红色鞋跟的文件夹，内含法国宫廷的风流逸事和秘密》(*Le Portefeuille d'un talon rouge contenant des anecdotes galantes et secrètes de la cour de France*)，重版后，其标题改为"藏书人的盒子"(*Le Coffret du bibliophile*)。出版地点是巴黎，没有出版日期。此处引用的是重版第22页的内容。

（marquis d'Argenson）的日记可以证明宫廷在信息传播过程中的两个作用，即"编码"和"解码"。1749 年 2 月 27 日，他注意到一些廷臣羞辱了警察总监贝里耶，责备他没有找到诋毁国王的诗歌的来源。这些廷臣质问道，贝里耶是怎么了，难道他对巴黎的了解不如他的前辈吗？据说，贝里耶是这样回答的："就像其他任何人一样，我也能够了解巴黎，但我对凡尔赛一无所知。"[1] 关于这一点，还有一份证据，喜剧诗人、剧作家夏尔·科莱（Charles Collé）在他的日记中证实这些诗歌来自宫廷。1749 年，科莱对许多攻击国王和蓬巴杜夫人（Mme de Pompadour）的诗进行了评论。他认为，从专业的角度来看，其中只有一首是"专业作者"[2] 写出来的作品。同时，根据那些不怎么准确的诗律，他断定其他诗都来自宫廷。

　　　　我得到了正在传播的诽谤蓬巴杜夫人的诗歌。六首诗中，只

---

[1]　参见拉特里（E.-J.-B. Rathery）编纂的《达让松侯爵日记与回忆录》（*Journal et mémoires du marquis d'Argenson*, Paris, 1862, V, p.398）。同时也可以参考埃德蒙 - 让 - 弗朗索瓦·巴尔比耶（Edmond-Jean-François Barbier）写的《摄政时期编年史和路易十五的统治（1718—1763），或者，巴黎高等法院的律师巴尔比耶的日记》（*Chronique de la Régence et du règne de Louis XV [1718–1763], ou Journal de Barbier, avocat au Parlement de Paris*, Paris, 1858, IV, p.362），里面有一份相同的报告。

[2]　参见由奥诺雷·博诺姆（Honoré Bonhomme）编辑整理，夏尔·科莱撰写的《夏尔·科莱日记与回忆录》（*Journal et mémoires de Charles Collé*, Paris, 1868, I, p.62）："这个月（1749 年 3 月），人们还看到了一些反对蓬巴杜夫人的诗歌，而且，相传国王已经打算抛弃她了。每年复活节，都会有人传播这种传闻。这些反对蓬巴杜夫人的诗歌虽然写得并不好，但是它们好像充满了激情。"在引用了一首更美妙的歌曲后，科莱写道："这感觉出自艺术家之手；十分押韵……这些精美的句子和诗歌的流畅性让我觉得，至少，诗歌作者的写作技巧十分专业，很可能是给了专业作者一些非常实质性的信息。"

有一首还可以。而且，根据那潦草的字迹和恶毒的语言，我断定，它们肯定出自廷臣之手。我从中看不出艺术家的手笔，而且诗中的一些特殊细节只有居住在凡尔赛的廷臣们才可能知道。[1]

简而言之，巴黎流传的大部分诗歌都源于凡尔赛宫。这也就解释了为什么达让松伯爵敦促警察不要放过任何蛛丝马迹，要求他们沿着线索"能挖多深就挖多深"。此外，这或许也能解释为什么当学生和修道院院长被捕之后，警察就放弃行动了。但是，廷臣们经常玩弄那些恶毒的诗句。文艺复兴时期，才智和阴谋诡计在意大利十分盛行，也就是说早在15世纪，廷臣们就已经开始以诗歌消遣娱乐了。那么，十四人事件为什么会引起如此不同寻常的反应呢？伯爵先生为什么非要把它当作一件最重要的事情来处理，以至于需要与国王本人进行紧急而秘密的谈话？而且，这些诗歌既然是廷臣所写，那么他们为什么非要说是巴黎的普通民众在传诵诗歌呢？

[1] *Journal et mémoires de Charles Collé*, I, p.49（1749 年 2 月的条目）. 科莱继续引用了这首诗歌，但是与十四人事件没有关系。可以参见他的日记与回忆录（*Journal et mémoires de Charles Collé*, I, p.48），里面有相同描述。

第五章

宫廷政治

如果要在十四人事件的范围之外追查这六首诗的起源，我们就必 须进入凡尔赛洛可可式的政治世界。这个世界有一种滑稽剧的特质，一些严肃的历史学家因此望而却步。不过，当时那些消息灵通的人发现阴谋可以给他们带来巨大的收益。而且，他们也明白，闺房中的胜利也能打破权力的平衡，使政治格局产生重大的转变。1749 年 4 月 24日，路易十五罢免并流放了莫勒帕伯爵。对于这一权力变动，那时的日记和回忆录都有记载。[1]

---

[1] 这段叙述基于两个文本，第一个是拉特里编纂的《达让松侯爵日记与回忆录》，第二个是巴尔比耶写的《摄政时期编年史和路易十五的统治（1718—1763），或者，巴黎高等法院的律师巴尔比耶的日记》。除此以外，还有其他的日记和回忆录对此进行了补充，比较重要的几个是：杜西厄（L. Dussieu）和苏利耶（E. Soulie）编纂的《吕内公爵回忆路易十五的宫廷（1735—1758）》(*Mémoires du duc de Luynes sur la cour de Louis XV [1735-1758], Paris, 1862*)；格鲁希子爵（vicomte de Grouchy）和保罗·科坦（Paul Cottin）编辑的《克罗伊公爵的未出版日记，1718—1784》(*Journal inédit du duc de Croÿ, 1718-1784, Paris 1906*)；弗雷德里克·马松（Frédéric Masson）编辑的《贝尔尼红衣主教弗朗索瓦－若阿基姆·德·皮埃尔的回忆录和信件（1715—1758）》(*Mémoires et lettres de François-Joachim de Pierre cardinal de Bernis [1715-1758], Paris, 1878*)；《舒瓦瑟尔公爵的回忆录，1719—1785》（转下页）

莫勒帕身居高位长达三十六年，比其他任何一位大臣的任期都要
长，他在权力中心的地位似乎已十分稳固。他才思敏捷，十分清楚谁
在保护谁，能读懂王室主人的心情，总是戴着一副喜悦的"假面具"
进行工作。他还能准确无误地识别出敌人的阴谋，察觉他人对自己发
出的善意。总之，莫勒帕是宫廷政治人物的代表。[1]他能够一直留在权
力核心位置的技巧之一，便是擅长使用诗歌。他收集了许多诗歌，特
别是那些议论宫廷生活和时事的淫秽诗。警察总监会从密探搜集的材
料中提取信息，并定期上报给莫勒帕。莫勒帕从中选取一些八卦信息，
添加到自己收集的诗歌当中，并以此来讨好国王。流放期间，莫勒帕
整理了他的收藏品，使得这些内容得以流传至今，仍旧保存完好。现
在只要搜索条目《莫勒帕歌曲集》（*Chansonnier Maurepas*），就能在法国
国家图书馆（Bibliothèque nationale de France）找到它。这本歌曲集一
共有 42 卷，内容粗俗不堪，记载了路易十四和路易十五统治时期的宫
廷生活，还增加了一些中世纪的异国作品。[2]然而，莫勒帕对诗歌的热
情也是导致他失败的原因。

32

（接上页）（*Mémoires du duc de Choiseul, 1719–1785*, Paris, 1904）。当然，使用这些材料时必须
十分谨慎，因为其中都包含了作者个人的偏见。如果想要搜寻材料，或者想要比较准确地
了解路易十五的整个统治，可以参见 Michel Antoine, *Louis XV*（Paris, 1989）。

[1] 莫勒帕的这些特点，在当时的人对他的描述中也存在。比如，可以参照 Jean-François
Marmontel, *Mémoire*, ed. John Redzick (Clermont-Ferrand, 1972), II, pp.320–321。

[2] 参见法国国家图书馆（ms. fr. 12616–12659）。不幸的是，《莫勒帕歌曲集》并未包
含 1747 年之后的信息。《克莱朗博歌曲集》（*Chansonnier Clairambault*）的材料更加丰富，并
涵盖了很多 1748 至 1749 年之间的歌曲。《克莱朗博歌曲集》的索引号是 ms. Fr. 12718 &
12719。当然，巴黎市历史图书馆和阿森纳图书馆中收藏的相似歌曲集，我也有参考。

　　当时人认为，莫勒帕下台的原因，既不是政策引起的争议，也不是观念的冲突，更不是其他什么问题，而是诗歌。莫勒帕当然要处理政治问题，但很少有关政策治理，而多是对政敌进行的人身攻击。（尽管身为海军大臣，但是他对舰队的航行问题漠不关心；而作为王室内廷大臣和巴黎省总长，他的"职责"也只是让国王开心快乐。）他与王后及其党羽（包括王太子）相处得很融洽，但是他与国王情妇的关系就不太好，尤其是沙托鲁夫人（Mme de Châteauroux）和她的后继者蓬巴杜夫人。据说，莫勒帕还对沙托鲁夫人下过毒。蓬巴杜夫人和战争大臣达让松伯爵（注意不要与他的兄弟达让松侯爵混淆，1747 年，达让松侯爵被贬为外务大臣，身处权力边缘地带的他十分嫉妒他的兄弟）结成了联盟，这位伯爵也恰恰是莫勒帕的政敌。蓬巴杜夫人的地位逐渐上升时，莫勒帕曾试图对其进行打压，而他所使用的手段便是嘱托别人创作或者自己撰写诗歌，并亲自传播。这些诗歌都属常见类型，一般采用双关语作为修辞，比如用"普瓦松"（Poisson）[1] 来嘲讽蓬巴杜夫人，因为"普瓦松"是蓬巴杜夫人的娘家姓，人们以此来嘲笑蓬巴杜的有产阶级背景。当然，这些诗歌还有其他特别下流的语言，嘲笑蓬巴杜的肤色和平胸。此外，它们还抨击了蓬巴杜夫人的穷奢极欲。到了 1749 年 3 月，这些诗已经广泛散布，以至于宫廷中的人开始怀疑有人正在策划一场阴谋事件。莫勒帕似乎想让国王意识到，蓬巴杜已经遭到了群众的羞辱，而且公众也慢慢开始藐视王权。通过这样的方

33

[1]　"普瓦松"是法语单词 Poisson 的音译，该词的中文意思是"鱼"。——译者注

式，莫勒帕的最终目的便是让国王不再宠幸蓬巴杜。只要能在诗歌中找到足够的证据，莫勒帕就能让国王相信自己遭到了臣民的攻击。国王或许就会抛弃蓬巴杜，换一个新的情妇，或者最好是重新投入旧情妇的怀抱，比如迈利夫人（Mme de Mailly）。迈利夫人不仅是贵族，而且对莫勒帕也心怀感激。不过这终究是一个危险的游戏。最终，莫勒帕还是玩火自焚了。国王在蓬巴杜的劝说下将他革职，并命令达让松伯爵送去了那封将其流放的信。[1]

在当时人的记录中，整件事有两个情节非常突出。其中一则记述是：在与国王、蓬巴杜夫人和她的表妹埃斯特拉德夫人（Mme d'Estrades）吃过私人晚餐之后，莫勒帕犯了一个致命的错误。这次晚宴只是在凡尔赛宫中的小房间里举行的一次私人活动，本不应该被议论，但第二天，一首被改编成歌谣、配着流行曲谱的诗歌流传了出来，引得阵阵嘲笑。这首歌的内容如下：

> 凭借高贵而随意的姿态
> 鸢尾花啊，你迷惑了我们的心灵。
> 在我们的道路上，你撒满了花朵，
> 但那都是白色的鲜花。

即使以宫廷争斗的角度来看，这也只是一次不太致命的攻击。晚

---

[1] 某位颇具有"廷臣"色彩的人对莫勒帕倒台事件的描述，证实了上述材料，参见 Bernis, *Mémoires*, ch. 21。

宴期间，蓬巴杜给国王、莫勒帕和埃斯特拉德夫人分别送了一束白色风信子。上面这首诗提及了蓬巴杜的这一行为，它的句子看起来十分华丽，却让人感到难堪，因为"白色的鲜花"（fleurs blanches）是指月经中带有性病迹象的分泌物。可见，此次晚宴的情况被泄露了出去，只有这样，人们才有可能议论纷纷。那这个谣传者会是谁呢？显然，在这四人当中，只有莫勒帕有嫌疑，不管该诗是不是他所写，他都要对此负责。[1]

　　另一起情节发生在蓬巴杜与莫勒帕的一次谈话中。她催促莫勒帕采取更有力的措施追缴那些诗和歌。正如达让松侯爵在日记中所记载的那样，蓬巴杜和莫勒帕之间的对话极不友好：

　　蓬巴杜夫人："不能说大臣是我派人召来的，是我亲自去找的他们。"然后她问道："你到底什么时候才能知道是谁写的这些歌？"

　　莫勒帕："夫人，我知道后会告诉国王的。"

　　蓬巴杜夫人："先生，你这样做，有点不怎么尊重国王的情妇。"

　　莫勒帕："我一直很尊重她们，不管她们属于什么物种。"[2]

　　不管这些记载是否真实，显而易见的是，莫勒帕的确因为诗歌而被革职，他的倒台则导致凡尔赛的权力体系发生了重大转变。然而，

---

[1]　参见 D'Argenson, *Journal et mémoires*, V, p.456。如果要了解详情，请参见本书结尾部分的附录三"诗歌与莫勒帕的倒台"。

[2]　参见 D'Argenson, *Journal et mémoires*, V, pp.461–462。

35 十四人事件中促使警方开展调查行动的那首诗却是在他倒台后才流传
开来的，该诗的标题为"莫勒帕先生被流放了"。莫勒帕离开后，这
首具有攻击性的诗歌背后的政治推动力也随之消失。既然镇压行动的
急迫性已经不存在了，那么，警察为什么还要如此大张旗鼓地追缴这
首诗以及那些与之相关的诗呢？

　　"莫勒帕先生被流放了"一文已经佚失，但警察把它的第一句话
"黑色狂怒的怪物"写在了他们的报告里。根据报告的内容，该诗不
仅猛烈地抨击了国王，还攻击了蓬巴杜夫人。蓬巴杜夫人的盟友达让
松伯爵成了新任战争大臣，他有望能镇压这场"叛乱"。作为蓬巴杜
夫人的心腹，在达让松伯爵取代莫勒帕成为新任巴黎省总长后，警察
总监贝里耶如此急于执行这位伯爵的命令便可以理解了。但是，上述
那些挑衅行为及其回应并不像看起来那么简单。诽谤国王和蓬巴杜夫
人的诗歌仍在流传，凡尔赛的内部人士将此现象视为由宫廷里莫勒帕
的支持者发起的一场运动，目的是为莫勒帕鸣不平，甚至希望他重返
"朝堂"。这些内部人士之所以会有这种看法，是因为他们认为莫勒帕
的支持者肯定会拿不断涌现的诗歌闹事，并以此为证据，证明抨击国
王和蓬巴杜夫人的诗歌与莫勒帕无关。[1] 当然，达让松派肯定会说，这
场诗歌运动是莫勒帕派的阴谋。只有积极地追缴这些诗歌，达让松伯
爵才能在导致莫勒帕失败的敏感领域证明自己的能力。[2] 通过敦促警察

[1]　D'Argenson, *Journal et mémoires*, V, pp.455.

[2]　这是达让松侯爵在 1749 年 8 月提出的一般解释。当时他认为他的兄弟已经在凡尔赛宫
内部的斗争中占据了主动权，甚至可能因此被任命为首相。

执行"能查多深就查多深"[1] 的方针，达让松伯爵或许可以将罪名安在　36
政敌头上。在权力变动以及人员重新分配的重要时刻，只有通过这样
的方式，他才有可能保住自己的位子。根据他兄弟达让松侯爵的说法，
他甚至还希望被任命为首相（Principal ministre）。1726 年，不得人心
的波旁公爵（duc de Bourbon）被罢黜，之后就再也没有人被授予过首
相之衔了。没收诗歌、抓捕嫌疑人、激发国王对十四人事件的兴趣，
达让松伯爵采取了一系列措施，确保自己在新政府控制权的争夺中占
得先机。由此可见，十四人事件不仅是一次警察行动，同时也是统治
核心权力斗争的一部分。

---

[1]　参见达让松于 1749 年 7 月 6 日写给贝里耶的信，该文件现在收藏于阿森纳图书馆（ms.
11690, folio 55）。在 1749 年 7 月 4 日的信件（ms. 11690, folio 51）中，达让松催促贝里耶
及时向他通报调查案件过程中找到的新线索："我希望，你们能找到那位我们已经期盼许
久的那个人。"

第六章

罪行与惩罚

　　这场权力斗争对凡尔赛宫里的人而言非常具有戏剧性，但是，对于那十四名被关押在巴士底狱的年轻人来说，它毫无意义。他们对上层人物的阴谋诡计一无所知。他们甚至不知道自己犯了什么罪。巴黎人吟唱或背诵那些充满讽刺、粗俗不堪的诗歌，本就是常见之事。过去几个月间，嘲笑政治人物的事情在巴黎各处都有发生。那么，警察为什么偏偏只逮捕这十四个人，让他们接受严酷的惩罚，而不去抓其他巴黎人呢？

　　从他们在牢房里写的信可以看出，这十四个人感到十分迷茫。他们希望警察能从轻发落，但警察对他们的恳求置若罔闻。在监狱里煎熬数月之后，他们被流放到了远离巴黎的地方。身处外省的种种绝境，他们仍不忘给警察写信。从这些信件来看，他们的生活至少在短期内已经变得一塌糊涂。西格涅被流放到洛林的朗贝库尔（Rembercourt-aux-Pots），不得不放弃学术生涯。阿莱尔流放到了里昂（Lyon），穷困潦倒的他，不仅放弃了学业，也离开了他父亲的丝织行业。梅西耶因为身

38　体不好，差点没能抵达流放地博热安茹昂（Baugé-en-Anjou）。与 18 世
　　纪大多数身无分文的人一样（卢梭是最出名的例子），他不得不步行
　　前往流放地。此外，他甚至缺少必要的衣物，在给警察总监的信中，
　　他这样说道："请大人明鉴，我非常需要一条马裤。"[1] 博尼斯成功到达
　　了佩里戈尔德（Périgord）的蒙蒂尼亚克勒孔泰（Montignac-le-Comte）。
　　但是到那儿之后，他发现自己不可能通过当老师来维持生计，"因为这
　　个城镇的居民太无知了……生活潦倒又艰苦"。[2] 他成功说服警察把他
　　的流放地点改为布列塔尼（Bretagne），但是在那儿他的境遇也没有好
　　转。他这样写道：

> 　　起初，人们觉得我是个亡命徒，然而，之后大家都开始认
> 为我是嫌疑犯。情况变得越来越糟，曾经乐意帮助我的人，现在
> 却拒绝对我施以援手……这种受限的身份令我无法从事任何职
> 业。事实上，在家乡和这里，我本来有两三次机会可以与那些名
> 门望族的年轻女子结婚，她们兴许能够给我带来一些财富，但是
> 很显然，我的罪犯身份是个问题。她们有时私下议论，有时甚至
> 就直接对我说："一个年轻人只要成为医生，他就会成功，但对
> 于一个被流放到布列塔尼的人，你怎么会对他有所期待呢？他明

---

[1]　可参考梅西耶在 1749 年 11 月 22 日写给贝里耶的信，现藏于阿森纳图书馆（ms.
11690, folio 185）。

[2]　参见博尼斯于 1750 年 1 月 26 日写给贝里耶的信，现藏于阿森纳图书馆（ms. 11690,
folio 178）。

天就有可能接到第二道命令，然后被送到离这儿一百里格以外的地方。我们不能把自己托付给这样的人，他万事未定，没有稳定的生活。"人们就是这么看的……我的年纪已经不小了［博尼斯当时三十一岁］，如果流放时间再长一点，我将被迫放弃我的职业……我也不可能负担得起食宿费用……

我现在的处境非常糟糕，过得很屈辱，快要沦落到一贫如洗 39
的地步了。[1]

被关入巴士底狱会导致许多灾难性后果，其中之一便是很难再找到可以结婚的对象。

最终，博尼斯还是结婚了，西格涅也在一座修道院安顿下来。巴士底狱给这十四个人的生活带来了毁灭性影响。然而，他们可能永远也不会知道这次"事件"到底是怎么回事。

---

[1] 参见博尼斯在 1750 年 7 月 10 日写给贝里耶的信，藏于阿森纳图书馆（ms. 11690, folio 257）。

第七章

消失的部分

　　十四人事件只是宫廷政治的问题吗？如果是这样，那就没有必要 把它当成巴黎公共舆论的具体表现了。相反，不能只把它理解为"噪音"，某种由任何政治体系中的不满因素一再产生的静止状态。或者，我们还可以把它理解成产生于1648至1653年间投石党运动（Fronde）的抗议文学。这是一场针对红衣主教马扎然（Cardinal Mazarin）的反叛运动，而抗议文学的代表则是"反马扎然文章"（Mazarinades），其表达粗秽，旨在抨击马扎然和他的政治管理模式，带有激烈的抗议情绪甚至共和主义色彩的观点。然而，在一些现代历史学家看来，它们仅仅是贵族精英在权力斗争过程中使用的权术手段。确实，当巴黎街头的起义发展到最激烈的时候，精英们用粗鲁而流行的语言，宣称自己是人民的代言人。抗议文学可以被视为一种修辞策略，旨在证明马扎然的反对者得到了普遍的支持。但是，在这场权力斗争中，无论是高等法院（经常阻挠王室法令的最高法庭）、亲王、红衣主教雷茨（Cardinal de Retz），还是马扎然本人，都没有给予平民任何真正的权

力。平民或许会称赞这些政治人物，也可能是嘲笑，但是他们并没有
41 加入这场"游戏"，他们只是旁观者。早在文艺复兴时期，他们就已
经被赋予了这个角色。此时，声誉俨然已经成为宫廷政治的一部分，
为了保护名声和好形象（bella figura），权力斗争中的玩家们学会了迎
合旁观者，以赢得平民的支持。只要证明了自己的政敌是百姓辱骂的
对象，玩家们就可以将对手打败。然而，这并不能说明政治的大门正
在向普通群众敞开。[1]

这个观点还有探讨的余地。强调旧制度中过时的政治元素，可
以避免时代错置的问题，因为若非如此，人们很容易把不满情绪的表
达视为大革命来临的征兆。这样做的另外一个好处，便是将语言文字
与更大的政治背景联系起来，而不是把它们视为可以不证自明的意义
容器。

然而，值得铭记的是，当投石党运动动摇法国君主制的根基时，
英国革命已经将英国的君主制彻底推翻了。此外，1749 年的情形也与
1648 年大不相同。更多有教养的人希望他们的声音能够被重视，而且，
他们的统治者也听到了。例如，对国王行为了如指掌的达让松侯爵便
指出，路易十五非常在意巴黎人对他、他的情妇以及他的大臣们的看
法。时任警察总监的贝里耶和巴黎省总长的达让松伯爵都会定期给路
易十五呈递关于巴黎情况的报告，前任巴黎省总长莫勒帕也不例外。

---

[1] 参见 Christian Jouhaud, *Mazarinades: La Fronde des mots* (Paris, 1985)。当然，有些观点认
为"反马扎然文章"表明政治生活正在走向激进和民主。关于此类观点，可以参考 Hubert
Carrier, *La Presse de la Fronde, 1648–1653: Les Mazarinades* (Geneva, 1989)。

就是凭借着这些报告，国王才得以密切监视巴黎四起的谣言和坏话。这些报告中包含了大量的诗词歌赋，其中有些是为了娱乐，但大部分比较严肃。1749 年 12 月，达让松侯爵在他的日记中写道："我的兄弟正拼了命地监视着巴黎，这对于国王来说非常关键。知晓巴黎人做的每一件事情，说的每一句话，非常重要。"[1]

国王对巴黎的舆论十分重视，因此，谁只要担任向国王传递信息的职责，谁就掌握了大权。为了打倒蓬巴杜夫人和达让松伯爵，莫勒帕选择把那些讽刺性诗歌交给国王。其他大臣也为了各自目的采用了同样的策略。1749 年 2 月，达让松侯爵注意到，政府中的三位主要政治人物，即他的兄弟达让松伯爵、莫勒帕和财政总监马绍·达努维尔（Machault d'Arnouville），组成了政府的"三头政治"（triumvirate），并利用讽刺性诗歌来操纵国王。达让松侯爵写道："利用这些歌曲和讽刺作品，'三头政治'让国王意识到，他已经颜面尽失，他的臣民在嘲笑他，外国人也在贬低他。"[2] 但是，这种政治策略也意味着政治不再只是宫廷游戏，凡尔赛宫的权力斗争进入了另外一个维度，即国王与法国人民的关系、公众的评判、宫廷对宫外事件的看法，以及这些看法对政务处理的影响。

路易认为自己正在失去"被喜爱者"（le bien-aimé）这个称号，这种情绪影响了他的行为和决策。到 1749 年，他已经不再用"国王触

[1] 参见拉特里编纂的《达让松侯爵的日记和回忆录》（*Journal et mémoires du marquis d'Argenson*, Paris, 1862, VI, p.108）。

[2] Ibid., V, p.399.

摸"的方式来救治那些患有瘰疬的百姓了。除非有重要的事情不得不
参加，比如为了强迫高等法院通过不受欢迎的法令而御临法院（lits de
justice），否则他决不前往巴黎。而且，路易十五认为巴黎人不再爱戴
他了。据达让松侯爵观察，"听说国王沉浸在自责当中。导致国王沦
落至此的正是那些歌曲和讽刺性作品。他从中看到了人民的仇恨，也
看见上帝之手正在发挥威力。"[1] 这种态度中的宗教因素是双向的。1749
年5月，一则流言在巴黎传开：王太子和太子妃睡觉时，某种无意识
的力量控制了太子，使他用肘部狠狠地撞击了太子妃的腹部，最后导
致太子妃不幸流产。侯爵对此非常担心，他说道："如果这件事情是真
的，老百姓会说，国王犯下的罪过已经触怒了上苍，上天为此惩罚了
王室的血脉。"[2] 而当太子妃流产的传闻被证实后，侯爵写道，这件事
"刺痛了每个人的心"。[3]

　　老百姓在王室的性生活中看见了上帝之手，特别是王位继承人的
出生和国王对情妇的态度。拥有适当的情妇并无不妥，但路易包养的
众多情妇中，有三个是亲姐妹（有说法认为是四姐妹），她们都是内
勒侯爵（marquis de Nesle）的女儿。因此，人们指责国王犯了乱伦和
通奸罪。姐妹情妇中的最后一位沙托鲁夫人于1744年突然离世，巴黎
人暗地里埋怨，路易的罪行可能会让整个王国遭受上帝的惩罚。1745
年，路易十五开始和蓬巴杜夫人交往，百姓又抱怨他在国内横征暴敛，

[1]　*Journal et mémoires du marquis d'Argenson*, V, p.415.

[2]　Ibid., V, p.464.

[3]　Ibid., V, p.468.

认为他这样做是为了把珠宝和城堡赏赐给一个身份卑贱的平民。国王拿到的那些诗歌充满了抨击他的言论，其中有一些更为激进，甚至煽动人们成为弑君者。"现在流传着这样一首诗，它有 250 行，读起来令人瑟瑟发抖，全是反对国王的文字。它的开头这样写道：'醒醒吧，你们是弗朗索瓦·拉瓦克莱（Ravaillac，杀死亨利四世的刺客）的影子。'"国王听说后，感叹道："我看得很清楚，我的下场将和亨利四世一样。"[1]

八年后，即 1757 年，罗伯特·达米安（Robert Damiens）蓄谋刺杀路易十五，虽未成功，但是国王对此事反应激烈，此种情绪应该和他对臣民的怀疑与忌惮有关。君主在理论上拥有绝对的权力，但是上述事件表明，国王也会因为臣民的反对而受到打击，甚至会为了符合他所了解的公共舆论而改变政策。达让松侯爵提到，政府在 1749 年 2月取消了一些次要的税收，以便重获民心："这表明，国王正在倾听百姓的声音，国王害怕他们，想赢得他们的支持。"[2]

全盘接受达让松侯爵的看法是错误的。虽然他对国王和宫廷之事了如指掌，但他记录的其实只是他自己的感受，不能代表路易十五。而且，他也并未声称主权已经从国王手中转移给了民众。事实上，他

44

---

[1]　*Journal et mémoires du marquis d'Argenson*, VI, p.15. 路易十五和内勒侯爵的女儿们之间的爱情故事所引发的丑闻，在当时的地下文学中占有非常重要的地位，比如《路易十五的私生活》（*Vie privée de Louis XV*, London, 1781）。如果要了解 18 世纪 40 年代的诗歌是如何运用这类丑闻的，可以参见 Emile Raunié, *Chansonnier historique du XVIIIe siècle* (Paris, 1882), VII, pp.1-5。

[2]　*Journal et mémoires du marquis d'Argenson*, V, p.387.

的观察佐证了两个表面看起来有些矛盾的观点：政治点燃了宫廷阴谋，但宫廷并不是一个自成一体的权力系统，外部压力很容易对其施加影响。凡尔赛宫中最深、最隐秘的地方都能听到法国人民的声音。因此，诗歌不仅是廷臣权力游戏中的一个要素，也代表了另外一种权力。此种权力虽难以把握，但确有非常大的影响力，它就是我们常说的"公众的声音"（the public voice）。[1] 当这种声音把政治写成诗歌，它意在说明什么呢？

---

[1]　参见《达让松侯爵的未出版回忆录和日记》（*Mémoires et journal inédit du marquis d'Argenson* Paris, 1857, III, p.281 ）。

第八章

时代背景

在分析这些诗歌的内容之前，我们首先来看看导致这些诗歌出现的社会环境，并把它们与当时发生的一些事件联系起来，这或许会有帮助。

1748 至 1749 年的冬天格外寒冷，民众不仅要负担沉重的赋税，还因奥地利王位继承战争（1740—1748）的失败而备感羞辱。简而言之，这个冬天民怨沸腾。大多数普通法国人并不关心外交事务，他们可能只顾四处经商，至于谁是神圣罗马帝国王位的继承人，他们既不关心也不知道。然而，巴黎人像着了魔似的，对战争的进展格外关注。警察报告显示，人们经常在公共花园和咖啡馆中议论重大军事行动，比如法军攻占了布拉格之后又将其放弃，法军在丰特努瓦（Fontenoy）战役中取得了戏剧性胜利，由萨克斯元帅（maréchal de Saxe）指挥的一系列战役和围攻使法军占领了奥属尼德兰。[1] 人们简化了这场战争，或者

---

[1]　想了解人们在谈话以及传播谣言的过程中如何回应当时发生的事件，可以参考 *Lettres de M. de Marville, lieutenant général de police, au ministre Maurepas (1742–1747)*, ed. A. de Boislisle (Paris, 1905）。

说仅将它视为几位国王之间展开的史诗斗争：法国国王路易十五；他
偶尔的盟友普鲁士国王腓特烈二世（Frederick II），非常年轻而且气
势十足；他们共同的敌人奥地利的玛丽亚·特蕾莎（Maria Theresa of
Austria），通常被称为匈牙利女王；以及英格兰的乔治二世。路易最
终取得了胜利，这对法国来说是一个令人满意的结局。虽然赢得了胜
利（殖民地的丢失忽略不计），但是路易却失去了和平。《亚琛和约》
（the Peace of Aix-la-Chapelle）的签署使各国恢复到战争爆发前的态势，
路易十五交出了他的将军们在战争中赢得的"战利品"。该和约还要
求法国必须将想当英国国王的"小王位觊觎者"（the Young Pretender）
驱逐出境，此人在英语世界中被称为"美王子查理"（Bonnie Prince
Charlie），在法国则被称为"爱德华王子"（le prince Edouard，本名查
理·爱德华·斯图亚特［Charles Edward Stuart］）。

　　巴黎人将政府这一行动称为"爱德华王子事件"（L'Affaire du
prince Edouard）。18 世纪的外交事务异常复杂，人们很难弄清楚事情
的真相，然而，"爱德华王子事件"却以一种通俗易懂的方式，让不懂
外交的民众也能清楚意识到《亚琛和约》给法国人带来的耻辱。1745
至 1746 年，为了夺回英国王位，爱德华王子试图在苏格兰发动起义。
起义虽然以失败告终，但是他在巴黎赢得了民心。在一群流亡的詹姆
斯党人——他们和爱德华王子一样，都是天主教徒，讲法语，十分仇
视统治不列颠的汉诺威王室——的陪同下，他在巴黎出尽了风头，被
尊为无冕之王，也被视为一位领导了伟大军事行动的英雄，虽败犹荣。
1688 年革命后，斯图亚特家族在巴黎建立了自己的朝廷，路易十四

也将他们视为英国的合法统治者。但 1713 年《乌得勒支和约》(the Peace of Utrecht)的签订使法国被迫承认新教国王对英国王位的继承权。即便如此，法国政府还是为爱德华王子提供了住所，在奥地利王位继承战争期间也支持他继承英国王位。虽然 1745 年詹姆斯党人的叛乱对斯图亚特的事业来说是一场灭顶之灾，但它转移了焦点，为在低地国家作战的法国军队提供了一线生机。按照《亚琛和约》的规定，路易十五将不再承认王子的合法地位，并将其驱逐出法国的领土。在巴黎人看来，驱逐爱德华意味着路易捍卫国家荣誉的努力最终失败。

47

　　驱逐王子的行动，损害了国王的声望。爱德华公然反对《亚琛和约》，据说他带着装有子弹的手枪在巴黎四处走动，决心随时反抗以免被捕，如果对方势力强大，他就会开枪自杀。警察很担心他会激起民变。巴士底狱档案中有一份很厚的案卷，记录了爱德华王子被捕的前后过程。从案卷中可知，警察们为了赶在群众来保护他之前采取行动，做了周密的准备工作。1748 年 12 月 10 日五点，正当王子准备进入歌剧院时，一队士兵拔出刺刀抓住了他。士兵们把他绑了起来，没收武器，推上马车，沿着布满卫兵的既定押运路线将他关入文森城堡的地牢。短暂的关押之后，爱德华王子消失在东部的边境线之外。政府禁止报纸谈论此事，但是那几个月里，巴黎人还是在私下议论该事件的各种消息，比如传闻欧洲各地都发现了面容酷似爱德华的人，也有谣言称詹姆斯党人在密谋复仇。那个时代最轰动的流言如下：某位打盹儿的国王在巴黎市中心被杀害，凶器是刺刀和（某些版本中是）手铐。每个故事细节都表明，这场政变是一次残暴的行动；每个故事版本都表达了对受害者的同情，同时也表达了对凶手的鄙视。这个凶手便是路易十五，他是背信弃义的阿尔比恩（perfidious Albion）[1] 的代理人，使得法国颜面尽失。[2]

48

路易十五把耻辱强加给人民，还迫使他们为此付出代价。人民承担了沉重的赋税，不过他们的大部分直接收入至少在原则上仍然是免税的。国家处于紧急状态时，特别是战争时期，国王可通过特别的税收筹集资金，比如众所周知的"特别措施"（affaires extraordinaires）。而在和平时期，国王的经济来源则应该仅限于自己的财产收入和租税（taille）、人头税（capitation）等为传统惯例许可的税收，教士和贵族享有豁免权，不用纳税。为了支付奥地利王位继承战争的费用，路易征收了"特别"税，即十分之一税（dixième），并且承诺在四个月内结束战争，而后废除该税。然而他并未履行承诺，十分之一税变成

---

[1]　阿尔比恩为大不列颠岛古称。"背信弃义的阿尔比恩"这一说法通常认为由 18 世纪法国诗人、剧作家希梅内斯侯爵（Augustin-Louis, marquis de Ximénès）首创，表达了法国人对英国外事态度的不满。后常在不同历史背景下用于讽刺英国，如其一战后在巴勒斯坦问题上所扮演的角色。——编者注

[2]　第五章脚注 1 中提及的六份材料，均提到了"爱德华王子事件"。关于该事件的详细描述，请参见 E.-J.-F. Barbier, *Chronique de la Régence et du règne de Louis XV (1718–1763), ou Journal de Barbier, avocat au Parlement de Paris* (Paris, 1858), IV, pp.314–335。巴士底狱档案中与该事件相关的卷宗（现藏于阿森纳图书馆，ms. 11658）表明，爱德华王子被捕之后，政府十分在意公共舆论如何谈论这件事情。例如，戴梅里在给警察总监的秘书迪瓦尔（Duval）的一封信中写道："在马扎然街（rue Mazarine）的维谢咖啡馆（Café de Viseux），人们正在公开阅读爱德华王子的抗议书。现在，这份抗议书已经印刷成册了，只要去柜台就能拿到这些印刷品。所有人都在读。""爱德华王子事件"的相关叙述，请参见 L. L. Bongie, *The Love of a Prince : Bonnie Prince Charlie in France, 1744–1748* (Vancouver, 1986) 和 Thomas E. Kaiser, "The Drama of Charles Edward Stuart, Jacobite Propaganda, and French Political Protest, 1745–1750," *Eighteenth-Century Studies*, vol. 30 (1997), pp.365–381。

了二十分之一税（vingtième），一直延续了二十余年。它比之前的税种更加严苛，因为其征收对象是所有拥有土地财产的人，包括教士和贵族。[1]

一般而言，历史学家对二十分之一税和提出该税的财政总监马绍·达努维尔评价甚高，[2] 认为它将一举摧毁特权阶级最重要的特权，即免税权，也将使国家财政走向现代化。但是当时的人对此有不同看法。对他们来说，或者，对那些在日记中就此发表过看法的人来说，征收二十分之一税为国王打开了方便之门。和平时期的特殊税！而且这个税收将无限期地持续下去，没有任何传统制度可以阻止它。臣民的唯一希望便是高等法院，因为它可以拒绝承认国王的法令，不予登记或发表抗议声明。即使王御临，强迫法官们注册他的法令，高等法院仍然可以提出抗议，暂停司法程序，并且动员所有的臣民支持他们。为了获得民心，他们谴责新税，认为二十分之一税不只是针对以他们为代表的特权阶层，而是对所有人的威胁。

高等法院的抗议行动还与另外一个 17 世纪末兴起的公众运动交织在一起，即詹森主义。詹森主义源于一场关于恩典的神学争论，后来演变为一种禁欲苦行的思想特质，对职业阶层和穿袍贵族（la noblesse de robe，指头衔来自政府职位的贵族成员）有很大吸引力，而高等法院的成员就出自这两个团体。路易十四曾劝说教皇，让他在《乌尼詹

---

[1]　参见 Marcel Marion, *Les Impôts directs sous l'Ancien Régime* (rpt. Geneva, 1974) 和 Pierre Goubert and Daniel Roche, *Les Français et l'Ancien Régime* (Paris, 1984), vol. 2。

[2]　例如，参见 Alfred Cobban, *A History of Modern France* (New York, 1982), I, pp.61–62。

尼图斯谕旨》中将詹森派斥为异端。然而，高等法院并不承认这份谕旨。在 18 世纪 30 年代和 40 年代，这成为他们与国王争论的焦点。1749 年，巴黎大主教克里斯托夫·德·博蒙（Christophe de Beaumont）规定，教士可以拒绝为没有忏悔证（billet de confession）的人提供临终圣事，此证意味着持有者已经向接受《乌尼詹尼图斯谕旨》的教士忏悔过。在接下来的几年里，这场冲突几经起伏转向，到 1749 年底，许多虔诚的詹森主义者因此成为殉道士，最终没有获得临终圣事。其中最著名的人物是夏尔·科芬（Charles Coffin），他曾任巴黎大学校长，善名远扬。1749 年 6 月科芬去世后，大约有一万名同情者跟随他的葬礼队伍穿过了塞纳河左岸的街道。这次示威游行不仅是政治性的，也是宗教性的，因为国王支持镇压詹森派。这场运动可能也在普通人中产生了反响，他们有自己的詹森主义教义，比如，将狂热的宗教信仰和疾病治愈的奇迹视为一体。在许多人看来，拒绝给弥留之际的基督

50 徒举办临终圣事的教士，死后注定会进入炼狱，而且，他们也认为这是王权和教会权力的滥用，不可原谅。[1]

不管路易是否有能力把他的臣民打入地狱，但他确实将许多人关进了巴士底狱，这些人包括爱德华王子的支持者、反对二十分之一税的抗议者、启蒙哲人（philosophes）、詹森主义者，以及那些说过政府

---

[1] 参照 Dale K. Van Kley, *The Damiens Affair and the Unraveling of the Ancien Régime, 1750–1770* (Princeton, 1984) 和 B. Robert Kreiser, *Miracles, Convulsions and Ecclesiastical Politics in Early Eighteenth-Century Paris* (Princeton, 1978)。在对科芬葬礼的记述中，达让松侯爵强调该葬礼加剧了人们对政府的不满："人们是如此地鄙视政府，并反对它搞宗教迫害。"关于这段记述，可以参考 *Journal et mémoires du marquis d'Argenson*, ed. E.-J.-B. Rathery (Paris, 1862), V, p.492。

坏话的人。十四人事件时期，巴士底狱里关了很多人，据说已经没有多余的牢房了，容纳不下的犯人只好被运往文森城堡的地牢关押。巴黎人暗地里议论城堡里的刽子手对嫌犯行刑逼供。对一些巴黎人而言，君主制已经退化成了专制统治（despotism），为了镇压反抗运动，它甚至增设了一个新的宗教法庭："巴黎人的不满与日俱增，因为越来越多的才子名人和受过良好教育的修道院院长被捕。当局怀疑他们创作书籍和歌曲，并在咖啡馆和散步场所散布谣言恶语。这个机构就是我们常说的'法国宗教裁判所'（the French Inquisition）。"[1]

我们无法知晓有多少人拥有这种想法，但是巴士底狱的档案的确表明，1749 年被捕的人数大幅增加。除了许多詹森主义者外，被捕的人中还包括那些与十四人事件毫无关系，但用同样的方式（说"坏话"）诋毁了政府的人。巴士底狱的管理者对其中几个案件做了总结，这些卷宗存在档案室，部分内容如下：[2]

贝勒里夫（J.-A.-B. Bellerive）："因发表攻击国王、蓬巴杜夫人和大臣的言论而被捕。"

勒克莱尔（J.-L. Leclerc）："因抨击政府和大臣而被捕。"

勒·布雷（A. Le Bret）："因说政府和大臣的坏话而被捕。"

51

---

[1] 请参见 D'Argenson, *Journal et mémoires*, III, p. 277。巴尔比耶对这场危机的描述也十分生动，但是他对政府充满了同情。关于巴尔比耶的描述，请参阅 *Chronique de la Régence et du règne de Louis XV (1718–1763), ou Journal de Barbier, avocat au Parlement de Paris*, IV, pp. 377–381。

[2] 阿森纳图书馆，ms. 12725。同时也可以参考 Frantz Funck-Brentano, *Les lettres de cachet à Paris, étude suivie d'une liste des prisonniers de la Bastille, 1659–1789* (Paris, 1903), pp. 310–312。

梅兰·德·圣伊莱尔（F.-P. Mellin de Saint-Hilaire）:"因诽谤政府和大臣被捕。"

迪普雷·德·里什蒙（Dupré de Richemont）:"侮辱大臣和其他尊贵之人。"

皮丹萨特·德·迈罗伯特（M.-F. Pidansat de Mairobert）:"因在咖啡馆背诵反对国王和蓬巴杜夫人的诗歌被捕。"

某些案件卷宗中还有来自警探的报告，记载了那些被捕之人说过的话:[1]

勒克莱尔：勒克莱尔在普罗可布咖啡馆（Café Procope）发表了如下言论——没有比路易十五更差的国王了；宫廷、大臣和蓬巴杜侯爵夫人推着国王去做没有意义的事情，这必定会让人们感到厌恶。

勒·布雷：勒·布雷在各种场合诽谤蓬巴杜夫人，说她向国王提了无数建议，使国王晕头转向。在反对她的诗歌中，他把她斥为贱人。她沉湎于罪恶，难道还能期望得到别人的赞扬吗？

52   弗勒尔·德·蒙塔涅（Fleur de Montagne）:此人发表了一些鲁莽的言论。最重要的是，他说，国王他妈的根本不在乎他的子民，即使知道百姓一贫如洗，他依旧挥霍无度。为了让百姓更加

---

[1] 不知何故，这份手稿并没有放在巴士底狱的档案中，而是收藏在了法国国家图书馆，n.a.f（"nouvelles acquisitions françaises"），1891，引用出自 folios 421, 431, 427, and 433。

深刻地感受到差距，国王颁布了新税，好像是在感谢他们为自己提供的服务。他补充道，法国人真是疯了，竟愿意忍受……剩下的内容他悄悄告诉了我。

弗朗索瓦·菲利普·梅莱（François Philippe Merlet）：有人指控他在寡妇戈希尤姆网球场（Widow Gosseaume's tennis court）发表了以下言论——黎塞留［元帅］和蓬巴杜正在玷污国王的声誉，国王的臣民也不再尊敬他，因为他只想毁掉他们的生活。征收二十分之一税将会给他自己带来灾难。

皮丹萨特·德·迈罗伯特写了许多抨击路易十五的文章（libelles）。其他批评者（frondeurs）也在咖啡馆和公共花园里抨击国王，但是相比之下，迈罗伯特更加出名。他在巴黎的大街小巷四处游荡，口袋里总是塞满了诗歌，只要逮到观众就会朗诵。虽然他和十四人事件看起来没有什么联系，但是他的诗歌中，至少有一首与此有关。[1] 夏特来（Châtelet）的法警安德烈·达尔让（André d'Argent）、他的夫人、他们的朋友，以及一位名叫亚历山大·约瑟夫·鲁斯洛（Alexander Joseph Rousselot）的律师也都是这种情况。他们和十四人事件同样没有关系，但是涉事诗歌他们也在传播："他们的家里有一些反对国王的诗，他们还把这些诗歌抄在纸上，传给了其他人。在其中一人的房间里，我们

---

[1] 阿森纳图书馆, ms. 11683。同时也可以参见 François Ravaisson, *Archives de la Bastille* (Paris, 1881), XV, pp.312–313, 315–316, 324–325。正如下文所讨论的，在迈罗伯特身上找到的诗歌是："背叛信仰竟可不算犯罪。"

找到了一首鲁斯洛抄写的诗，该诗以这句话开头：'不幸的法国人啊，他们的命运多么悲惨'。"[1]

　　警察抓住了埃斯普利 - 让 - 巴蒂斯特·德福尔热（Esprit-Jean-Baptiste Desforges），他可能是其中某首诗的作者。他似乎也游离于十四人事件之外，却至少持有部分问题诗歌。巴士底狱中存有他的档案，上面显示，德福尔热针对爱德华王子事件写了一首非常激进的诗歌，其中一句是"人们从前何等高傲啊，如今却如此卑躬屈膝"。爱德华王子被捕两天后，德福尔热在一些朋友面前朗诵了这首诗。其中一位提醒他，这首诗会让他惹祸上身，所以他决定将之烧毁。但是，当他翻找口袋准备销毁那张纸时，却发现它不见了。后来，德福尔热觉察到自己的诗正在被扩散传播，诗的抄件在其他人的口袋里流转，咖啡馆里也有人在朗诵，因此，他决定自行消失。德福尔热的另一个朋友克劳德 - 米歇尔·勒华·德·丰蒂尼（Claude-Michel Le Roy de Fontigny）无意中透露出他知道该诗的作者是谁。达让松伯爵得知这个消息后，便立即命令警察展开调查。

　　线索查到丰蒂尼这里，故事便陷入了一场难以厘清的阴谋，而这似乎是丰蒂尼一手捏造的：德福尔热还在东躲西藏，但是丰蒂尼找到了德福尔热的母亲。他对德福尔热夫人说，自己和德福尔热应该主动去找达让松伯爵，并编个谎言，将创作诽谤性诗歌的罪名嫁祸给第三人，这样不仅可以洗清德福尔热的嫌疑，兴许还能替他们母子二

---

[1]　法国国家图书馆，n.a.f., 1891, folio 455。

人赢得些许报酬。德福尔热夫人向她儿子打听清楚情况后，愤怒地拒绝了丰蒂尼的提议。莫勒帕被免职后，丰蒂尼打算重启计划，不料反为自己的设计所害。不知为何，这个阴谋传到了达让松伯爵的耳朵里。伯爵立马命人将丰蒂尼关进巴士底狱，后又流放到马提尼克岛（Martinique）。德福尔热于 1749 年 8 月 17 日被捕，并坦承那首诗的作者便是自己。此后，他在监狱里度过了七年，其中三年被关在圣米歇尔山（Mont-Saint-Michel）的铁牢里。[1]

书籍贸易检察官约瑟夫·戴梅里收藏的档案中出现了很多类似人物。[2] 虽然他们与十四人事件并无关系，但是，这些人恰好也传播了事件中的那些诗歌。1751 年底，戴梅里的密探又查到两名有可能是"不幸的法国人啊，他们的命运多么悲惨"作者的人。一位姓布尔西耶（Boursier），是制帽匠的儿子，曾给保尔米侯爵（marquis de Paulmy）当过秘书。另外一位叫德罗戈尔德（Dromgold），"非常讽刺的是"，他来自苏格兰，是一个法国化的詹姆斯党人，在四国学院（Collège des Quatre Nation）教修辞学。但是，戴梅里没有足够的证据逮捕布尔西耶和德罗戈尔德，他还盯上了其他可能的诗歌创作者，并将他们置于严密的监控之下。其中一人名叫迈纳维尔（Mainneville），是位职员，被仆人举报，说他写了反对国王的诗。但是迈纳维尔在遇到经济困难之

54

---

[1]　参见 Funck-Brentano, *Les lettres de cachet*, pp.311–313. 在他的《回忆录》（*Mémoires*, I, pp.13–14）中，莫雷莱声称"人们从前何等高傲啊"的作者是修道院院长邦（abbé Bon）。然而，当时还流行另外一首诗歌，即"不幸的法国人啊，他们的命运多么悲惨"，莫雷莱可能混淆了这两首作品。总的来说，其中一些诗歌的作者仍旧无法确定。

[2]　下面两段信息来自戴梅里的档案，现藏于法国国家图书馆，n.a.f. 10781–10783.

后便逃到了普鲁士。另一个人叫佩尔蒂埃（Pelletier），曾经是耶稣会士，看起来很可疑，因为在 1749 年 8 月，有人看见他分发煽动性诗歌。第三个人姓沃格（Vauger）名不详，有人怀疑他写了抨击国王的诗歌，他从马扎然街的某个假发商人那里租了一个带家具的房间，据称那里藏了大量讽刺时事的诗歌。

此外还有两个可疑的文人（littérateurs）：弗朗索瓦 - 亨利·蒂尔潘（François-Henri Turpin）和修道院院长罗西尼奥尔（abbé Rossignol）。蒂尔潘是哲学家爱尔维修（Claude Adrien Helvétius）的门生，也是写讽刺诗的行家。据传，他知道警察正在追查的某首诗歌的作者。罗西尼奥尔是蒂尔潘的好友，在普莱西斯学院教书，是皮埃尔·西格涅的同事。蒂尔潘的女房东对警察说，她曾在蒂尔潘的房间外面无意中听到他和罗西尼奥尔念了一首可疑的拉丁文诗歌。她虽然听不懂拉丁语，但当她把耳朵贴在钥匙孔上偷听时，还是从不知所云的音调和疯狂的笑声中捕捉到两个单词——"蓬巴杜"和"路易"。

55　　如果把这些案件联系起来，我们就会产生这样的印象：当时所有人都在创作、记忆、背诵和歌唱反对国王的煽动性诗歌。然而，众所周知，警察的档案不能成为研究人们态度和行为模式的可靠材料，因为他们记录的并非真实的犯罪行为，而只是案件的报告。此外，这些档案记载的大多是警察的观点，而不是公众的。就其本质而言，巴士底狱的文献中记载的人，大多被警察视为对国家构成了威胁。但这种人毕竟只是少数，大部分巴黎人四处经商，不仅没有触犯法律，也没有对国王说三道四。大多数人是不会出现在警察档案里的。但是，警察的档案有助于我们正确看待十四人事件，因为它表明，该事件是"坏话"浪潮之后的一波镇压和反扑，而这波行动在其他资料中也留下了痕迹，如达让松侯爵和埃德蒙 - 让 - 弗朗索瓦·巴尔比耶（Edmond-Jean-François Barbier）的日记。

　　从其他案例可知，十四人事件中流传的诗歌其实并没有什么特别之处。其他许多被捕的巴黎人也是因为同样的抗议行为，有时甚至是因为同样的诗歌。他们都流露出了不满情绪，1749 年的各种交流渠道也将这种不满释放了出来。十四人事件中的信息交流只是整个信息传播网络中的一小部分——整个系统非常庞大，涵盖范围极广，大到凡尔赛宫，小到穷苦巴黎人带家具的小房间。那么，这个网络到底在传递什么信息呢？看来，我们必须要回到诗歌本身了。

第九章

诗歌与政治

在现代人看来，这些诗歌中有一部分非常奇怪。它们属于颂诗，有古典的味道，曲调高雅，就好像有人要在舞台上或者在某公共场合朗诵。它们的内容一般是以某个人物为中心，而且经常直言不讳，比如，有的诗歌痛斥路易十五懦弱无能，有的称赞爱德华王子的无私和英勇，还有的则将法国民众比拟为一个人，认为他曾经是高傲和独立的，但是现今却变成了奴隶。这些诗歌表达的情绪一般是愤怒，一种古罗马式的愤慨（Roman indignatio）。虽然都在谴责无处不在的不正义，但是它们对不正义的理解却不太相同。而且，这些诗歌使用的传统修辞方式，也是有教养的贵族从古典著作中习得的。作为学生、律师和教士，十四人事件中的大部分人都对这类诗歌非常熟悉。但是，在拉丁语区以外，它们并没有引起共鸣，更没有在凡尔赛翻起水花。凡尔赛的廷臣和官员都是另一个世界的人，他们看重俏皮话和讽刺诗。因此，身在凡尔赛的达让松伯爵给贝里耶写信时，十分鄙视警察正在追查的 1 号诗，认为它就是一个"低俗的作品，对于你我来说，它充满了迂腐和拉丁语区的气息"。[1]

　　首句为"黑色狂怒的怪物"的 1 号诗已经遗佚，内容已不得而知。正如第一章所解释的那样，这首诗因莫勒帕在 1749 年 4 月 24 日被罢免并流放而抨击路易十五。而警察在调查过程中找出的另外五首诗，已经在巴黎流传数月了。1748 年 12 月 10 日爱德华王子被捕后，民众群情激愤，也就是在这个时候，首句分别为"不幸的法国人啊，他们的命运多么悲惨"和"人们从前何等高傲啊，如今却如此卑躬屈膝"的 2 号诗和 3 号诗出现了（这两首诗及其编号可在第三章的示意图中找到，其内容以及其他诗歌的内容都已经出版，读者可在本书附录部分找到）。这两首诗中大部分戏剧性的细节都借鉴了警察的逮捕报告，比如使用暴力、派士兵来审讯，以及用铁链打人。它们还将爱德华王子和路易十五做了对比，认为爱德华虽然失败了，但是比路易更勇敢，更像一个国王。路易尽管坐在王位之上，但是已经沦为了卑鄙情妇和自身欲望的奴隶。此外，它们还借用令法国人感到耻辱的爱德华王子被捕事件，来讽刺法国在《亚琛和约》中受到的侮辱。3 号诗在概述

---

[1]　请参见阿森纳图书馆（ms. 11690），达让松于 1749 年 6 月 26 日写给贝里耶的信。如果要了解与诗学和修辞传统相关的研究，可以参见 Henri Morier, *Dictionnaire de poétique et rhétorique* (Paris, 1975)。在此，我要感谢弗朗索瓦·里戈洛（François Rigolot）在理解诗歌的修辞与诗学方面提供的帮助。关于诗歌的文学品质方面的研究，可以参见 Bernard Cottret and Monique Cottret, "Les Chansons du mal-aimé : Raison d'Etat et rumeur publique, 1748–1750," in *Histoire sociale, sensibilités collectives et mentalité : Mélanges Robert Mandrou* (Paris, 1985), pp.303–315。有关詹姆斯党人的知识，可以参考 Thomas E. Kaiser, "The Drama of Charles Edward Stuart, Jacobite Propaganda, and French Political Protest, 1745–1750," *Eighteenth-Century Studies*, vol. 30 (1997), pp.365–381。

了和约的主要条款后，用带有愤恨的呼语词（apostrophe）[1] 指代路易
十五，以此来谴责他。最后，该诗表达了对爱德华的惋惜之情：

亲爱的王子，虽身处锁链之中，但您胜利了；

如今，所有人的目光都注视着你［即路易十五］。

一个能分辨善恶且宽宏大量的人，

将废除放逐的法令。

*　*　*

Tu triomphes, cher Prince, au milieu de tes fers;

Sur toi, dans ce moment, tous les yeux sont ouverts.

Un peuple généreux et juge du mérite,

Va révoquer l'arrêt d'une race proscrite.[2]

　　归根结底，这首诗是在提醒法国人，他们应该摆脱奴役，抵制国
王的懦弱行为。

　　2号诗进一步推进了同一主题。它不仅谴责了路易十五，痛斥他
对臣民的背叛，讽刺他不具备爱德华王子所拥有的君王品性，还以法
国人民的民义挑衅他：

58

---

[1]　一种语法现象，在文学作品或日常交流中，人们经常使用"呼语"来指代某人或者某
事物。以此处为例，3号诗便以"toi"一词来指代路易十五。——译者注

[2]　部分正文诗歌参考原书附法文原文，以展示节奏韵律等译文不易体现之处。下文
同。——编者注

路易！你的臣民已痛不欲生，

他们敬重爱德华，虽然他既失自由，也无皇冠：

枷锁束缚，他仍是国王，而王座之上，你又是谁？

这首诗将人民视为王权合法性的最终仲裁者，却没有主张施行民主。相反，它将国际关系拟人化为各国君主之间的斗争，并且还提及了亨利四世。亨利四世不仅是爱德华和路易的共同祖先，还是法国历代君主中最受百姓爱戴的人：

但是，明明可以为之战斗，我们却背叛了爱德华！

把亨利四世的血脉献祭给了布伦瑞克［即乔治二世］！

在谴责蓬巴杜和路易十五的同时，这首诗还从民间故事中借用了另一个历史人物——阿涅丝·索雷尔（Agnès Sorel）。索雷尔是查理七世的情妇，深受百姓喜爱。据传，在法国历史上另一段耻辱时期[1]，她曾给无能的查理七世带来了些许英雄气概：

我看见国王已经拜倒在蓬巴杜的石榴裙下了！

但是他会因为爱情而重新振作吗？

美丽的阿涅丝，你竟已不在人世！那傲慢的英国人又来侵略

---

[1] 指英法百年战争。——译者注

我们。

　　而路易却躺在可耻的蓬巴杜的怀里睡觉，

　　还被这个低贱的女人迷得神魂颠倒，不知羞愧，

　　躺在她怀里，无视我们的眼泪和鄙视。

　　美丽的阿涅丝，你竟已不在人世！你的高贵和温柔

　　会让那位懦弱无能的国王无地自容。

　　这首诗表达的观点很清楚：国王的情妇应该是高贵的，同时也能 60
使国王的行为变得高贵。然而，蓬巴杜和路易十五一样，都令人感到
羞耻。该诗作者谈及法国人民时没有采用流行的曲调，而是诉诸另外
一种情感，即保王派而不是平民派——他比国王更加倾向于保王派。

　　如今，上述诗歌所用的比喻和修辞已经不再承载原有的情感，但
是，它们是为 18 世纪的读者和听众设计的。18 世纪的法国人非常熟悉
这些修辞手法，遇到这些比喻时也会有如下反应：

　　布伦瑞克，你一定要为难伟大的受害者吗？

　　苍天啊，快投下熊熊烈火吧；大地啊，快打开地狱之门吧！

　　诗歌中的权杖、王座和桂冠都有象征意义，但语气多种多样，有
时带有一点愤怒，有时则充满悲伤之情。这些语气根植于经典文本，
点燃了法国人对尤维纳利斯（Juvenal）和贺拉斯（Horace）的热情。
时代比较接近的例子是阿格里巴·多比涅（Agrippa Daubigné）所写

的《惨景集》(*Les Tragiques*)，它诞生于宗教战争期间，是君主制的控诉书。它希望点燃人们内心之中的怒火，而不是使之愉悦。"愤慨"(*indignatio*)的原则也为其他经典模式的政治诗歌注入了活力，比如龙萨(Ronsard)的《论这个时代的悲惨》(*Discours des misères de ce temps*)和拉辛(Racine)的《布里塔尼居斯》(*Britannicus*)。这类诗文采用的格式有两种，即亚历山大体(alexandrines)和押韵对句(rhyming couplets)[1]，并用呼语词称呼未能尽责的国王。诗人在诗歌中评论了各种大人物，认为他们德不配位。在爱德华事件中，诗人十分鄙视凡尔赛宫中的人，认为"里面的所有人，不管是大臣还是情妇，都十分卑鄙"。他还直接谴责了战争大臣达让松伯爵：

> 但是啊，你只是个卑鄙、无知、邪恶的臣子，
> 你不仅背叛了祖国，还玷污了她。

这是严肃、公开的诗歌，采用经典格式，饱含愤怒的情绪。

6号诗采用了相同的形式和修辞方法，而且也用呼语词来称呼国王：

> 肆意挥霍百姓的财富，
> 你用自己造成的灾难计算时日，

---

[1] 亚历山大体是指十二音节为一行的诗体。押韵对句由两行相连且押韵的诗句组成，参考6号诗。——译者注

贪得无厌的大臣和情妇的奴隶，

路易，仔细听听上天替你安排的命运吧。

*　*　*

Lâche dissipateur des biens de tes sujets,

Toi qui comptes les jours par les maux que tu fais,

Esclave d'un ministre et d'une femme avare,

Louis, apprends le sort que le ciel te prépare.

　　这位作者仿效的对象是拉辛，拉辛谴责尼禄（Nero），他则抨击　62
路易十五，但是控诉方式稍有不同。6 号诗虽然抗议法国在外交事务中
所受的耻辱，但是更加关注国内的灾难。路易对百姓苛以重税，以致
民不聊生。路易不仅让他的子民困苦不堪，还使他们受到疫病的威胁，
农村人口凋零，城市荒芜。国王这么做是为了什么呢？在 6 号诗的作
者看来，这只是为了满足情妇和大臣的无耻欲望罢了：

你国库里的财宝被他们肆意挥霍；

他们搜刮百姓的血汗，耗尽你的税收，

与其说是为了让你重拾索然无味的快乐，

不如说是为了发泄他们自己可耻的淫欲。

你的国家已经陷入绝境，路易啊，这是你自寻的死路，

但是要小心，狂风暴雨终会降临到你的头上。

*　*　*

Tes trésors sont ouverts à leurs folles dépenses;

Ils pillent tes sujets, épuisent tes finances,

Moins pour renouveler tes ennuyeux plaisirs

Que pour mieux assouvir leurs infâmes désirs.

Ton Etat aux abois, Louis, est ton ouvrage;

Mais crains de voir bientôt sur toi fondre l'orage.

　　笼罩在国王头上的威胁是什么呢？是臣民的诅咒和上帝的惩罚。
63 这首诗甚至暗示，法国人将会揭竿而起，因为国王和他的大臣与情妇
把人们仅剩的那么一点东西都夺走了，现在只能铤而走险。然而，该
诗并没有明言革命的到来。相反，它描绘了一个将在耻辱中结束的统
治：巴黎人将会毁掉矗立在新路易十五广场（如今的协和广场）的国
王雕像，而路易也将坠入地狱。

　　5号诗歌的首句是"背叛信仰竟可不算犯罪"（Sans crime on
peut trahir sa foi），它短小精悍，与上述诗歌的风格完全不同，而是
模仿了图卢兹高等法院法令附件的格式。图卢兹高等法院与其他的
高等法院一样，在关于二十分之一税的争论中向国王屈服了。其内
容如下：

图卢兹高等法院关于二十分之一税法令的批注

　　背叛信仰竟可不算犯罪，

将自己的朋友从家中赶走，

奸污邻人之妻，

抢劫和偷窃不再是可耻的行为。

同时与三姐妹交欢

竟也不再违背道德。

这种堕落行为

让祖先瞠目结舌；

我们正在等待一个法令

它允许人们胡作非为。

——签名：德·蒙塔鲁，首席法官

*　　*　　*

Apostille du parlement de Toulouse à l'enregistrement de l'édit du vingtième

Sans crime on peut trahir sa foi,

Chasser son ami de chez soi,

Du prochain corrompre la femme,

Piller, voler n'est plus infâme.

Jouir à la fois des trois soeurs

N'est plus contre les bonnes moeurs.

De faire ces métamorphoses

Nos ayeuxs n'avaient pas l'esprit;

Et nous attendons un édit

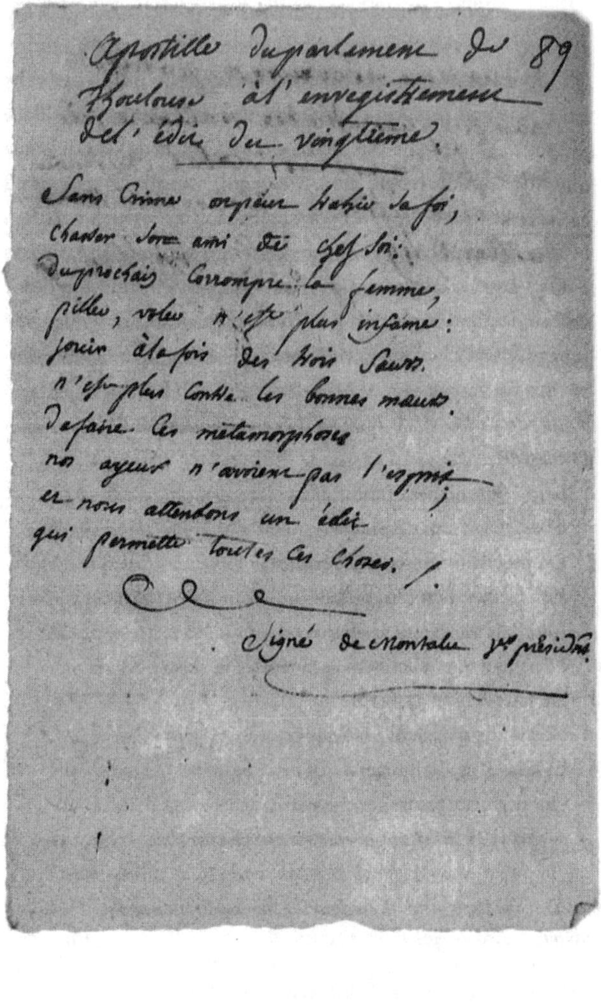

这是一些反对二十分之一税和路易十五的不道德行为的非正式诗歌，均潦草地写在某张碎纸片上（阿森纳图书馆藏）

Qui permette toutes ces choses.

—SIGNÉ: DE MONTALU, PREMIER PRÉSIDENT

　　5 号诗虽然抨击了二十分之一税，但是除了标题对该税种有所提 65
及外，其他内容均无关联。该诗批评路易十五的主要观点为：国王把
战时的特别税变成了准永久性税收，这样做是在掠夺臣民的财产。但
是，它在表达这个观点时仍然很含蓄。登记过税收的法令之后，高等
法院还签发了国王犯下的其他不道德行为。因此，这首诗暗示税收问
题与其他违背公众道德的"事务"同等重要，这些事情包括：路易背
叛并劫持了爱德华王子；路易给一位名叫勒·诺尔芒·德·埃蒂奥勒（Le
Normant d'Etioles）的平民戴了绿帽子，他的妻子后来成了国王的情妇
（即蓬巴杜侯爵夫人）；与内勒侯爵三个女儿的情事，亦被人们视为通
奸和乱伦。该诗用简单的韵律表达出简单的信息。这首情景诗（vers de
circonstance）表明，对于高等法院在抵抗苛捐杂税时所表现出来的软
弱无能，民众已感到厌恶。

第十章

歌　曲

　　与十四人事件相关的六首诗中，受众最广、最简单，而且具有决定性作用的是 4 号诗。与当时许多涉及时政的诗歌一样，4 号诗也配有流行曲调。在一些诗歌文本中，曲调的种类可以通过叠句来判断，比如"啊！是他，啊！是他"（Ah! le voilà, ah ! le voici）就代表一种曲调。[1]叠句是一组方便记忆的对偶句，一般位于由八音节诗句和连韵组成的诗节之后。法国民谣的一般模式为 a-b-a-b-c-c，诗歌的韵律与此相同。而且诗歌的韵律还能无限延伸，因为诗人很容易即兴创作出新的诗句，并增添到旧的诗歌中。每节诗都在攻击一个政治人物，而叠句则会转而辱骂国王，就像互相开玩笑时公用的笑柄，或者孩童游戏中的笨蛋，仿佛臣民们在围着国王跳舞，并用略带嘲笑的口吻唱到，"啊！是他，啊！是他 / 他什么也不关心"（Ah ! le voilà, ah ! le voici / Celui qui n'en a

---

[1]　不同版本的诗歌会引用不同的曲调标题，曲调也可以通过很多种方式加以鉴别。关于曲调与歌词的搭配问题，将在下一章节讨论。

67   nul souci）。诗歌中的国王简直像《溪谷的农民》(*The Farmer in the Dell*)
里的奶酪，因为歌谣中唱到，"奶酪独自站立"。在 18 世纪的法国，
不管这首歌是否让听众联想到这样的游戏，它的叠句都将路易描述成
了一个无能的白痴，他不仅纵情享乐，还任由他的大臣鱼肉百姓，使
国家陷入水深火热之中。街头歌手和小商贩经常聚集在某个地点——
比如新桥（Pont-Neufs）——唱这些讽刺时政的歌，而巴黎群众经常和
着"新桥"叠句的曲调唱歌。[1]1749 年，4 号诗似乎就是这样开始了混
杂着嘲笑声的巴黎"游荡"。

这首诗歌在开头便羞辱了路易十五和蓬巴杜，其内容如下：

一个娼妓的私生子

竟然能在宫廷青云直上，

在爱情和美酒中，

路易轻易地获得了荣耀，

啊！是他，啊！是他，

他什么也不关心。

*   *   *

Qu'une bâtarde de catin

A la cour se voie avancée,

---

[1]   参见 *Le fait divers*, Nov. 19, 1982–April 18, 1983 (Paris, 1982), pp.112–113, 120–127。这是
在国家流行艺术与传统博物馆（Musée national des arts et traditions populaires）举办的一次
展览的目录。

Que dans l'amour et dans le vin

Louis cherche une gloire aisée,

Ah! le voilà, ah! le voici

Celui qui n'en a nul souci.

　　之后，这首讽刺诗嘲笑了王后，将她描绘成一个被国王冷落且宗教思想偏执的女人。紧接着，它辱骂法国王太子，说他不仅愚蠢，而且太过肥胖，因而格外引人注目。蓬巴杜的兄弟也没能"幸免于难"，他希望成为一个大的封建领主，从而在政坛上崭露头角，但在 4 号诗看来，这样的"梦想"简直太荒谬了。在嘲讽了蓬巴杜的兄弟后，它又攻击了萨克森元帅，他自诩为伟大的亚历山大，殊不知，他所征服的地方只不过是一个不战而降的要塞。它还抨击司法大臣，认为他过于年迈，无法胜任司法工作。最后，它将矛头指向其他大臣和各式各样的廷臣，前者身无长技，不能胜任所在职位，后者则一个比一个愚蠢和荒淫无度。

　　在这首诗歌的传播过程中，巴黎人修改了歌词，还增加了新的诗句。酒馆里、大街上和码头旁的人们，聚集在演奏小提琴和手风琴的乐手周围，这类即兴作品就是他们的娱乐节目。这首诗歌的韵律非常简单，每个人都能在旧的旋律上增添新的诗句，通过演唱或者抄写的方式加以传播。虽然最初的诗歌可能来自宫廷，但是随着新诗句的增加，它变得越来越受欢迎，涉及的时事也越来越丰富。从 1747 年的一些稿件来看，当时的诗歌只嘲讽一些住在凡尔赛的大人物，警察在报

68

告中引用的诗歌题目也证明了这一点，比如"宫廷的消息"（Echos de la Cour）。[1] 但是到了 1749 年，增添到原诗中的词句涵盖了各种各样的时事，比如在亚琛举行的和平谈判，巴黎高等法院在抵制二十分之一税行动中表现出的无能，贝里耶在管理警局事务时受到的非议，伏尔泰最近与他人发生的争论，克雷比永（Prosper Jolyot de Crébillon，伏尔泰的竞争对手）在法国喜剧中取得的胜利。又如，黎塞留元帅给一位名叫拉波普利尼埃（La Popelinière）的包税商戴了绿帽子，据说他在拉波普利尼埃夫人（Mme La Popelinière）的卧室里安装了一扇旋转门，就在壁炉下面，这样他就可以通过旋转门悄悄进入拉波普利尼埃夫人的房间了。

　　我们可以从诗歌的文本中了解它的传播过程。有两个版本的 4 号诗原封不动地保存了下来。人们把它们写在碎纸片上，揣在兜里，到咖啡馆再拿出来大声朗读，或者和他人交换诗歌，甚至将它们直接扔在比较重要的位置，比如杜乐丽花园（Tuileries Gardens）的长凳上。该诗的第一个版本是警察在巴士底狱对迈罗伯特搜身时查获的，迈罗伯特因在咖啡馆朗读了讽刺国王和蓬巴杜夫人的诗歌而被捕。与此同时，警察还缴获了一张类似的纸片，上面有一首歌的两句歌词，都在攻击蓬巴杜夫人。这两句歌词所属的诗歌是一组非常出名的声乐套曲（song cycle）[2]——"反普瓦松诗"（Poissonades）中的一首，因为其歌词

69

---

[1]　例如，可参考居亚尔的审讯记录。该文件现藏于阿森纳图书馆（ms. 11690, folio 73）。

[2]　声乐套曲是歌曲类作品的一种体裁，一般包括了多首歌曲。——译者注

中含有许多关于"普瓦松"（Poisson）的双关语，以此来讽刺蓬巴杜的娘家姓。在人们看来，蓬巴杜的姓氏听起来非常低贱。

迈罗伯特其实和十四人事件没有任何关系，只不过他被捕时，恰逢该事件发生，而且他所携带的那首诗竟然是 4 号诗的另一个版本。该版一共有 23 节，迈罗伯特将最近添加进去的诗节抄在了一张碎纸片上，余下的就从首行开始挑选几个词记下来，比如"一个娼妓，等等"。此外，他还留有一个更早的版本，此版本一共有 11 节，诗句誊抄完整，保存在他家里。他住在一家洗衣店的三楼。警察搜查他的房间时一共找出了 68 首诗歌，有些诗内容平淡无奇，讥讽了公众人物和时事。[1]

警察对迈罗伯特的监视已经有一段时间了，毕竟，他因散播对政府有敌意的信息而"臭名昭著"。警察的密探将他视为晦涩难懂的作家和咖啡馆的煽动者。一位密探在报告中如此写道：

迈罗伯特先生随身携带着一些反对国王和蓬巴杜夫人的诗歌。当我告诉他，写下这些作品的人会有麻烦时，他却认为自己根本不会碰到任何危险。在咖啡馆或者剧院，他可以很轻易地把这些诗歌塞入某个人的口袋，甚至在散步的时候直接把它们扔在地上。

70

---

[1] 从迈罗伯特的审讯稿中获得的诗歌以及相关文件，现藏于巴士底狱档案的迈罗伯特卷宗里，可在阿森纳图书馆（ms. 11683, folios 44–136）中找到。其中一些文件已印刷出版，请参见 François Ravaisson, *Archives de la Bastille* (Paris, 1881), XII, pp.312, 315, 324。但是，*Archives de la Bastille* 中有抄写错误，有些日期也弄错了。

如果我问他，他一定会让我抄下前文提及的关于二十分之一税的诗句。他说这话的时候似乎有些随意，故而我有理由相信，他已经散布了相当多诗歌……迈罗伯特在我看来不是一个特别重要的人……但是，他经常出入公共场所，如果他被捕，人们一定会知道。我想，我应该立即上陈这份报告，因为我看到他把那首关于二十分之一税的诗歌放回了左边的衣袋里，（如果没收它）我们就有理由逮捕他了。[1]

在谈及和平后的军队复员问题时，他说，每一位受此影响的士兵都控诉宫廷，因为凡尔赛宫的唯一乐趣就是损害老百姓的利益，犯下不义之举。这个"美丽"的计划是战争大臣想出来的，因为这么做对他有利。人们诅咒他下地狱。

迈罗伯特是巴黎最喜欢说脏话的人之一。他和一些诗人混在一起，他也自诩为诗人，自称写了一部戏剧，只不过从未上演。[2]

迈罗伯特是海军部的低级官员，也是"新闻社团"（nouvellistes）的常客。"新闻社团"的成员聚集在杜布莱夫人（M.-A. Legender Doublet）周围，与巴黎高等法院的詹森教派保持着联系。迈罗伯特的出身背景和十四人事件的涉事人员完全不同。但是，除收集了大量诗

---

[1]　这份未签名的报告可能是德·穆伊骑士（chevalier de Mouhy）在 1749 年 7 月 1 日写的。该报告现藏于阿森纳图书馆（ms. 11683, folio 45）。

[2]　戴梅里在 1749 年 6 月 16 日做的观察报告，阿森纳图书馆（ms. 11683, folio 52）。

迈罗伯特将两句"反普瓦松诗"写在了某张碎纸片上。1749 年 6 月 2 日被捕后，警察从他的身上缴获了这张纸。这些诗句搭配的曲调是"颤抖者"，参见本书附录六的卡巴莱电子音乐（阿森纳图书馆藏）

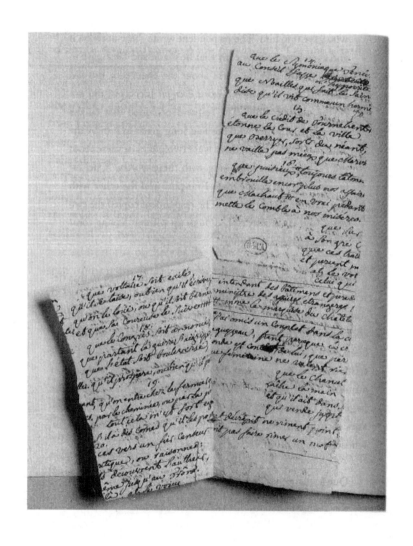

这是"一个娼妓的私生子"中的一些诗句。警察在巴士底狱给居亚尔修道院院长搜身时查获了这些诗歌（阿森纳图书馆藏）

歌外，他还将十四人事件中的一首诗歌抄在碎纸片上，传递给了其他 72
人。当那十四个人在教室和食堂朗诵"一个娼妓的私生子"时，迈罗
伯特则在咖啡馆和公共花园传播它。可以想象，他来到自己最喜欢的
咖啡馆——普罗克普咖啡馆（Procope café）——找陌生人搭讪，顺手
把该诗从口袋里拿出来朗读。或者我们可以想象，他在皇家宫殿的花
园中一边与人交谈，一边和着新曲调拣选诗句。

　　4 号诗的另外一个版本是警察在调查十四人事件的过程中缴获的，
写在一张略显破碎的纸上。在巴士底狱审讯期间，警察从十四人事件
的当事人之一——居亚尔修道院院长——的口袋中搜出了这首诗。居
亚尔将梅西耶修道院院长供了出来，说是后者把 4 号诗交给了他。此
外，他还说，在鲍桑库特修道院院长的房间里，鲍桑库特把 4 号诗的
另外一个版本给了他。一份警方报告表明，鲍桑库特的版本是从"门
霍特先生（sieur Menjot），某位会计师的儿子"[1]那里获得的，但是警
察也只追查到这里。居亚尔随身携带的版本明显来自拉丁语区。在被
捕和审讯期间，梅西耶供认，在与别人互换诗歌时，他抄下了 4 号诗，
并在纸上写了一些笔记和批评性意见。在巴黎的学生中间，互相传递
诗歌的现象似乎非常普遍。警察报告这样写道：

　　　　犯人宣称……去年冬天的某一天，他在圣尼古拉斯杜沙多内
　　　神学院（seminary of St. Nicolas du Chardonnet）的神学讨论会上

---

[1]　参见 1749 年 7 月的"十四人事件涉及的诗歌"，阿森纳图书馆（ms. 11690, folio
150）。

听见出席会议的泰雷先生在读一些诗句，它们均取自一首抨击宫廷的诗歌，该诗首句为"一个娼妓的私生子"；被告向泰雷先生打听这首诗歌，并从他那里获得了这首诗的文本。被告在该诗上写了笔记，还在重新抄写的那份上做了标注。这份新文稿后来传给了居亚尔先生，上面还保留着被告的一些笔记，他不太赞同关于大臣的诗句的写法，认为单词"衰老"与"儿子"并不押韵。被告还说，泰雷先生给他诗歌的那张纸上，还写着另外两首关于"王位觊觎者"的诗歌，它们的首句分别为"不幸的法国人啊，他们的命运多么悲惨"和"人们从前何等骄傲啊"。被告虽然把这两首诗都抄了下来，但是最终又把它们撕碎了，没有交给任何人。[1]

档案中的两份文件都与上文描述相符。8×11厘米的那份文件上有上文提及诗歌中的八句诗，而8×22厘米的那份文件已经被竖向撕成了两半，上面只有三句诗和一些笔记，其中一部分已经被撕掉。据推测，梅西耶提及的另外两首诗，即"不幸的法国人啊，他们的命运多么悲惨"和"人们从前何等骄傲啊，如今却如此卑躬屈膝"，很有可能在被居亚尔撕掉的那一半上。这些笔记指明了诗中讽刺的大人物，

[1] 请参见梅西耶的审讯记录，该文件写于 1749 年 7 月 10 日，现藏于阿森纳图书馆（ms.11690, folios 94—96）。居亚尔的审讯记录也提及了这份文件："我们命令前文中提到的居亚尔先生把他口袋里的东西拿出来，其中有两张纸，都涉及一首关于宫廷的歌曲。"居亚尔审讯记录现藏于阿森纳图书馆（ms.11690, folio 77）。

包括大臣达盖索。该诗在其他版本中内容如下：

> 那位上了年纪的大臣　　　　　　　　　　　　　　　75
>
> 应该停止管理司法，
>
> 他的那个儿子
>
> 竟敢出售法官的职位。
>
> 啊！是他，啊！是他，
>
> 他什么也不关心。[1]

与被撕掉的那页纸相关的部分显示，梅西耶确实反对某些押韵问题，同时也表达了对大臣亨利 - 弗朗索瓦·达盖索（Henri-François d'Aguesseau）的同情，达盖索当时 81 岁，因正直而享有很高声誉。其笔记的部分内容如下：

> 我略去了关于达盖索的某句诗，　　　　［这里是已经遗失的部分］
>
> 部分是因为［公众］
>
> 爱戴他，部分是［因为］
>
> 女性气质［字迹难以辨认］毫无价值

就文本来说，我们可以从这些证据中得出三个结论：（1）诗歌的

---

[1]　这个版本来自法国国家图书馆（ms. fr. 12717, p.2）中的《克莱朗博歌曲集》。

接受者并不是被动应对，即使在抄写的过程中，他们也会按照自己的
偏好加上一些笔记，修改一些句子。（2）手抄版诗歌上有时还有几首其
他风格的诗歌，比如在上述例子中，就有两首韵律经典的诗歌和一首
关注时事的民谣。当接受者把不同种类的个人信息结合起来时，对国
王和宫廷的攻击就会在听众和读者中引起广泛反响，会让他们感到愤
怒，或者发出嘲笑声，等等。（3）传播方式有很多种。梅西耶仅仅将 4
号诗视为一首"歌"，说他曾听到泰雷"吟诵"，这或许意味着，人
们会凭借记忆复述一首诗，或者把它记录在纸上，大声朗读或者歌唱。

76 　　记忆在这个过程中确实扮演着十分重要的角色。以上文提及的两
首诗歌为例，警察记录显示，西格涅便是凭借"记忆"[1] 向他的学生背
诵了两首诗歌。另外，他们的记录还表明，西格涅的学生居亚尔把老
师背诵的内容记下，而且背了下来。警察这样写道："他（居亚尔）声
称，他并没有保存这些诗歌的文本，只是把它们记在了心里。"[2] 警察
还说，除了上述两首诗歌外，西格涅的另外两个学生特罗和瓦尔蒙在
信息传播网络的另一个交叉点相遇并记下了第三首诗。对此，警察记
录道："（特罗）声称自己当着瓦尔蒙的面背诵了诗歌'肆意挥霍百姓
的财富'。特罗还说，瓦尔蒙当时也把这首诗记了下来。"[3] 简而言之，
交流过程中的精神活动是非常复杂的。无论人们是通过耳朵还是眼睛，

---

[1]　"十四人事件涉及的诗歌"，阿森纳图书馆（ms. 11690, folio 151）。

[2]　参见戴梅里于 1749 年 7 月 9 日写给贝里耶的信，阿森纳图书馆（ms. 11690, folio 71）。

[3]　"十四人事件涉及的诗歌"，阿森纳图书馆（ms. 11690, folio 151）。

信息的接收都是人体内部的活动。

　　史学研究总是忽视口头交流，但是在这个例子中，档案异常丰富，足以让我们从中听到口头交流的回声。18 世纪，巴黎人在背诵或者吟唱时，会把写有诗歌的碎纸片收集起来。他们还会把诗歌抄在日记本或者普通的书籍中，同时被抄录的还有其他一些"昙花一现之物"，比如讽刺诗、谜语（énigmes），以及特定场合中出现的文学作品（pièces de circonstance）。主要由诗歌组成的日志记录通常被称为"歌曲集"（chansonniers），不过收藏家们有时会想出一些非常奇怪的标题，比如"为这个时代的历史服务的糟糕作品"[1]。除了从迈罗伯特和居亚尔那里缴获的两个版本外，在浏览了各种档案中的歌曲集后，我又找到了其他六个版本的 4 号诗。它们彼此之间差异巨大，因为随着诗歌的流传以及时事的不断变化，添加到原有诗歌中的材料越来越多，诗歌内容也在不断变化。

　　这些变化可以在 4 号诗的文本（见本书附录）中找到。该诗一共有七个版本，都是嘲笑贝尔岛元帅（le maréchal de Belle-Isle）的诗文。1746 年 11 月至 1747 年 2 月，奥地利和撒丁的军队（在诗中被称为"匈牙利人"）洗劫了普罗旺斯大部分地区，此时正驻扎在法国南部的贝尔岛元帅的军队却军纪涣散，毫无斗志。入侵者轻松地摆脱了贝尔岛军队的追击，经瓦尔（Var）撤出法国。因此，在此事发生后出现的版本中，该诗讽刺道，元帅所谓的胜利其实是失败。以下是 4 号诗的三个

77

---

[1]　这是一份多达 13 卷的歌曲集的标题，该歌曲集现藏于巴黎市历史图书馆（mss. pp. 639–651）。

版本：

居亚尔的版本：

我们的策划者，制订了像磨坊一样的计划

他应该从自己的软弱和懒惰中看到

令法国人感到羞耻的是

匈牙利人践踏了普罗旺斯

迈罗伯特的版本：

我们的策划者，制订了一个勇敢的计划

他应该从自己的怯懦和懒惰中看到

令法国人感到羞耻的是

匈牙利人践踏了普罗旺斯

藏于巴黎市历史图书馆（ms. 648）的版本：

我们的策划者，制订了像磨坊一样的计划

他应该从自己的软弱和懒惰中看到

令法国人感到羞耻的是

78   匈牙利人离开了普罗旺斯

这三个版本的差别非常小，或许正因为差别之小，它们展现出在口头传播的过程中，文本如何在保留基本要素的同时不断演变。当然，这首诗歌已经形成了文本，而抄录的过程也可能会出现变化。因此，如果说历史学家可以通过4号诗的各个版本，建立起一个纯粹的口头传统，那实在是太荒谬了。即使在人类学家和民俗学家用录音记下的口传故事中，也不可能找到纯粹的口头传统。[1] 巴黎街头就更不可能有纯粹的了，因为这些流行歌谣从许多地方吸纳了素材。十四人事件中流传的4号诗，其实已经涵盖了新闻报道中的一部分事件。它已经变成了一份会唱歌的报纸，充斥着对时事的评论，足够引人注目。此外，听众和演唱者还会根据自己的偏好对其进行改编。因而，关注时事的诗歌就是一个流动的媒介，能够容纳不同群体的喜好，能够涵盖作为整体的公众所感兴趣的所有事情。

---

[1]　与该问题相关的文献，可参考 Alfred Lord, *The Singer of Tales* (Cambridge, Mass., 1960) 和 *Toward New Perspectives in Folklore*, ed. Americo Paredes and Richard Bauman (Austin, 1972)。

第十一章

音　乐

　　歌曲集清楚地表明，巴黎人每天都在即兴创作，用新词配上旧曲，或者为每个可能成为谈资的主题撰写文章，比如女演员的爱情生活、罪犯的处决、王室成员的出生或死亡、战争时期的战役、和平时期的税收、审讯、破产、意外事故、游戏、喜剧演出、节庆，以及在宽泛意义上能被法国人称为社会新闻的所有社会事件。一首首巧妙的诗歌配上朗朗上口的曲调，以不可阻挡之势在大街小巷中散播开来，不断有人为之添加新的诗句。这些歌曲就像一阵风，从一个街区传到另一个街区。在一个半文盲的社会里，这些诗歌在一定程度上起到了报纸的作用，因为其中许多内容是关于时事的实时评论。

　　但是这些诗歌听起来怎么样呢？人们一般会为某个传统的曲调创作一首新歌，如果要注明新歌所配的曲调，他们一般会在歌曲集中写下该曲调的传统歌词的题目或者首行。但是，歌曲集记录的都

是歌词，而非它的音乐注释。[1] 幸运的是，法国国家图书馆的音乐部
（Département de la musique, Bibliothèque nationale de France）保留了
许多当时的"解码书"（keys），我们可以从中查阅歌曲的标题，并
找到与之对应的配乐。"解码书"是获得歌词背后曲调的钥匙，使我
们能够重新听到十四人事件发生时法国流行的歌曲。埃莱娜·德拉沃
（Hélène Delavault）是一位歌剧演唱家和歌舞表演者，她亲切地答应
了录制这些歌曲选集，这些录音现在已经上传到 www.hup.harvard.edu/
features/darpoe 网站。只要打开网站，我们就能一边看歌词（参见附
录六），一边听音乐了。通过这样的方式，读者兴许能够了解两百多
年前，在当时听众耳边嗡嗡作响的声音。如果可以找到一种恰当的方
式，我们便能让历史演奏出美妙的"音乐"。

　　音乐如何改变歌词的含义呢？这个问题不会有确切的答案，但是，
如果只探究曲调成为记忆载体的方式，我们就能将该问题简化到可以
理解的程度。和着旋律的歌词在记忆中固定下来，只要有人吟唱，这
些歌词就会传递给其他人。同一首旋律听了无数遍之后，人们的脑海
中便会储存一些熟悉的曲调。当配上熟悉曲调的新词被吟唱，人们便
会联想到该曲调最初版本的歌词。可以说，歌曲就是一件听觉上的复

---

[1]　在极少数情况下，歌曲会同时包含音乐注释和歌词。作为比较重要的收藏品，《莫勒
帕歌曲集》收录的歌词多达 35 卷，而且，这些歌词卷册中所提到的曲调，基本上都收录
在了另外两卷专门收集音乐曲调的手稿文集中。参见法国国家图书馆（在后文注释中，法
国国家图书馆均简称为 BnF），索引号 ms. fr. 12656-12657。

制品。

　　20 世纪 40 年代广播的商业广告中就有很多曲调，我现在都还记得。无论怎么努力，我都无法"摆脱"它们。在此，我将以个人经历作为证据来尝试说明。有一则广播广告想必我们这一代人都很熟悉，它是这样唱的：

　　百事可乐满足您的需要。（Pepsi-Cola hits the spot.）

　　满满 12 盎司，足足够多。（Twelve full ounces, that's a lot.）

　　双倍饮料，也更好喝。（Twice as much, and better, too.）

　　百事可乐是您的选择。（Pepsi-Cola is the drink for you.）

　　大概在三四年级的时候，我有一位朋友，他思想早熟，是一个比较聪敏的家伙。某天课间，他唱了一首改编自百事可乐广告歌的歌曲，内容如下：

　　基督教会满足您的需要。（Christianity hits the spot.）

　　十二个使徒，足足够多。（Twelve apostles, that's a lot.）

　　有圣灵，也有圣母。（Holy Ghost and a Virgin, too.）

　　基督教会是您的选择。（Christianity's the thing for you.）

　　这是我第一次接触到反宗教思想。印象中我当时很震惊，但我

已经不记得自己是如何理解它的。我知道的是，我没能忘掉它，它
和其他歌曲一起夹杂在我的记忆中。大多数人可能都会有类似的经
历。一位英国朋友曾给我讲过一个关于爱德华八世的小曲，该曲在
1936 年的伦敦很流行。那个时候，新闻报纸禁止出版任何关于国王
与沃利斯·辛普森夫人（Mrs. Wallis Simpson）的爱情故事。歌曲这
样唱道："听啊，报信的天使正在唱歌 / 辛普森夫人偷走了我们的国
王。（Hark the herald angels sing/ Mrs. Simpson's pinched our king.）"

　　一位英国君主与一位美国离婚者结合，当人们将这一丑闻配上圣
诞颂歌的曲调时，是否有更多人知道了两人不相配的信息呢？这很难
说，但我敢肯定，在百事可乐商业广告的改编版中，有类似的东西在
起作用。模仿百事可乐广告的歌曲，不只是嘲讽基督教对圣灵、圣母
和使徒的信仰，它还将基督教与商业广告联系起来，暗示前者其实也
只是一种商品。就像现代世界的其他东西一样，基督教也可以被推销
给别人。甚至，模仿百事可乐广告歌曲这一行为本身，还意味着基督
教教义的说服力并不比广告商的营销策略更有效。信息从一个语境传
到另外一个语境，属于欧文·戈夫曼（Erving Goffman）所说的转换框
架（frame switching）中的某个过程：将某事去语境化并重新语境化，
以使其看起来荒谬、震惊或滑稽可笑。[1]

---

[1]　参见 Erving Goffman, *Frame Analysis : An Essay on the Organization of Experience* (Boston,
1986)。同时也可以参考 Arthur Koestler, "Wit and Humor," in Koestler's collection of essays,
Janus: A Summing Up (New York, 1978)。

18 世纪，诗歌可能就是以上述方式运作的。曲调和歌词结合的模式表达了多种含义，建立起甚至会令人感到突兀的联系。当然，我们没有直接证据来说明几百年前人们聆听歌曲的方式。为了重建联系，或者至少是间接地建立联系，我们必须通过歌曲集和"解码书"来寻找歌词和曲调的关联模式。[1] 我试图将所有可获得的 18 世纪 40 年代的曲调和歌词暂时联系起来，以此来理解巴黎人如何聆听与十四人事件有关的两首歌曲。不过，首先必须关注 18 世纪街头歌曲的一些特点，

[1] 这部分研究引用的歌曲集有：《克莱朗博歌曲集》（BnF, ms. fr. 12711-12720），该文集涵盖的时间段自 1737 至 1750 年；《为时间的历史服务，以及与法国政府相关的恶毒著作》（ *Oeuvres diaboliques pour servir à l'histoire du temps et sur le gouvernement de France* ），现藏于巴黎市历史图书馆，索引号是 mss. 646-650，涵盖内容时间自 1740 至 1752 年；以及其他一些不是特别丰富的文集，它们都收藏在巴黎市历史图书馆（ mss. 580, 652-657, 706-707, 718, 4274-4279, 4289, 4312）。音乐注释可在 BnF（ ms. fr. 12656-12657）找到，特别是 BnF 音乐部的"韦克林珍藏集"（Collection Weckerlin）。《歌曲文集的关键，或一百多年以来的歌舞剧汇编，由 J.-B.- 克里斯托夫·巴拉尔首次标注和收集》（ *La Clef des chansonniers, ou Recueil de vaudevilles depuis cent ans et plus, notés et recueillis pour la première fois par J.-B.-Christophe Ballard*, Paris, 1717, 2 vols., H Weckerlin 43:1-2）为我提供了许多帮助，这里还藏有一部多达 10 卷的手稿文集，其标题是"在法国和意大利喜剧剧院和戏剧院演唱的歌舞剧、小布舞剧、四组舞和曲调文集。由德鲁斯先生伴奏，伴奏乐器有长笛、手摇弦琴和手风琴等，1752 年在巴黎的法国喜剧街道上演"（ Recueil de vaudeville [*sic*], menuets, contredanses et airs détachées [*sic*]. Chanté [*sic*] sur les théâtres des Comédies française et italienne et de l'Opéra comique. Lesquels se jouent sur la flûte, vielle, musette, etc., par le sieur Delusse, rue de la Comédie française, à Paris. 1752），见 Weckerlin 80A。任何研究这些材料的人都应该感谢伟大的音乐学家帕特里斯·夸罗（Patrice Coirault），尤其是他的著作 *Répertoire des chansons françaises de tradition orale: Ouvrage révisé et complété par Georges Delarue, Yvette Fédoroff et Simone Wallon* (Paris, 1996), 2 vols。我也要感谢我的前任研究助理安德鲁·克拉克（Andrew Clark），在我研究这些材料时，他做了许多初步工作。尤其还要感谢 BnF 的工作人员，比如馆长布鲁诺·拉辛（Bruno Racine）、执行董事雅克利娜·桑松（Jacqueline Sanson），以及音乐部的研究员们，特别是卡特琳·马西普（Catherine Massip）和米歇尔·伊冯（Michel Yvon），他们非常慷慨，为我提供了很多帮助。

这一点很重要。

　　像过去其他的口头交流方式一样，我们无法获得几个世纪以前真实存在的歌声。我们可能永远都无法知道 1749 年的歌曲到底是怎么唱的。[1] 如果认为埃莱娜·德拉沃浑厚的女中音与 18 世纪巴黎街头歌手的叫卖声和吼叫声相似，那就错了。歌曲的表达方式一定会影响人们对它的理解。音调和节奏的变化可能使它们变得温柔或充满嘲讽，或者令人愤怒、发笑，或者让人觉得粗俗、奔放。除了在舞台上，[2] 我们几乎没有证据来说明演唱风格。但是，当时的回忆录和通信表明，到处都有不同类型的人在唱这些通常被称为轻喜剧（vaudevilles）的流行歌曲。宫廷里的贵族在唱，沙龙里老于世故的人在唱，咖啡馆里的闲人在唱，酒馆和城郊的小咖啡馆（位于城外的大众饮酒场所）里的工人在唱，军营里的士兵、街上的小贩、市场摊位上的妇女、教室里的学生、厨房里的厨师和摇篮旁边的保姆，都在唱，所有的巴黎人都在唱歌。他们唱的歌中都包含了对时事的回应。1781 年，梅西耶说："每个事件都被编入了这群喜欢嘲讽的人所唱的歌曲当中。"[3]

83

[1]　关于歌曲和流行音乐的研究实在太多，故而这里没办法进行详细说明。如果想要找一本简便且资料全面的概述，可以参见 "Chanson", in *Dictionnaire des lettres françaises : Le XVIIIe siècle*, ed. François Moureau (Paris, 1995), pp.296–320。研究过程中，我从帕特里斯·夸罗的作品中受益颇丰，尤其是他的 *Répertoire des chansons françaises de tradition orale* 和 *Notre chanson folklorique* (Paris, 1941)。

[2]　参见 Jean-Antoine Bérard, *L'Art du chant* (Paris, 1941)。

[3]　参见 Louis-Sébastien Mercier, *Tableau de Paris*, ed. Jean-Claude Bonnet (rpt. Paris, 1994), I, p.241。

　　在这些嘈杂的歌声中，有些声音能够被明确辨识出来，其中有两种尤其突出：一种是职业或半职业的作曲家，也就是非常有名的轻喜剧作家（vaudevillistes）；另一种是街头歌手，被称为歌唱家（chanteurs）或自编自唱的艺人（chansonniers）。夏尔·西蒙·法瓦尔（Charles Simon Favart）是最伟大的轻喜剧作家，据说，他小时候一边在父亲的糕点店里揉面团，一边创作歌曲。凭借自身才华，他最终进入了"集市剧院"（Théâtre de la Foire，在圣日耳曼2—3月和7月的圣洛朗集市季节演出的闹剧和音乐剧）和"喜剧院"（Opéra comique），创作了几十部轻歌剧，成了欧洲的名人。与他类似的歌曲作者，大都来自普通家庭。在事业的早期阶段，他们中有几人聚集在皮埃尔·加莱（Pierre Gallet）的食品杂货店里。加莱是其中一员，当他们轮流为流行的曲调和标准的主题创作诗句时，加莱负责提供食物和饮料。讨论的主题一般有：酒瓶的乐趣、英勇的精锐部队的士兵、不怎么纯洁的牧羊女、克莱梅内（Climène）和妮科尔（Nicole）的美丽眼眸。这些人在18世纪20年代末转移到了咖啡馆。由于文人的加入，他们在1733年创办了著名的卡维咖啡馆（Café du Caveau）。此后，他们便在这里，一边传杯递盏，一边即兴唱歌，相互取乐。据传，任何一个未能想出有趣诗句的人，都要喝一杯水，以示惩罚。然而，关于卡维咖啡馆的神话太多了，我们已经很难将它的原本特征与后来19世纪重建其特征的努力区分开来。到18世纪40年代，这些轻喜剧作家已经征服了喜剧院，他们的数百首歌曲传遍了整个王国。除了几个行家外，其余人的名字多已被遗忘，这些行家分别是：夏尔-弗朗索瓦·帕纳尔

84

（Charles-François Panard）、巴泰勒米·克里斯托夫·法甘（Barthélemy Christophe Fagan）、让 - 约瑟夫·瓦代（Jean-Joseph Vadé）、夏尔·科莱、亚历克西·皮龙（Alexis Piron）、加布里埃尔 - 夏尔·拉泰尼昂（Gabriel-Charles Lattaignant）和克洛德 - 普罗斯珀·乔利奥·德·克雷比永（Claude-Prosper Jolyot de Crébillon，他为人所熟知的称呼是"克雷比永之子"，其父是一位悲剧作家，人们用这个称呼来区分父子二人）。他们创造了法国歌坛的黄金时代，同时也创造了一种诙谐和欢乐的精神，不论如何被改编或商业化，这种精神已经融入法国人的身份认知。[1]

　　虽然街头歌手凭借才华谋生，但是他们的活动范围并没有超出街道。他们的踪迹在巴黎随处可见，有时自己伴奏，有时由一个演奏小提琴、手风琴、长笛、风笛等乐器的合作者伴奏。演出地点一般比较固定，以便他们向路人尽情展现其才华。为了吸引观众，他们常常穿着非常显眼的衣服，比如，戴着用纸或稻草做的比较夸张的帽子。此外，他们还在街角、集市以及原先是古代城墙的塞纳河右岸的林荫道上，奏乐歌唱，高声呼唤，争相斗艳。新桥周边聚集了许多街头歌手，他们所唱的歌因而也被称为"新桥"。梅西耶描述道，为了拉拢观众，有两个人

85

---

[1]　除了上文引用的材料，还有许多关于个人轻喜剧作品的研究。如果想要大致了解这些作品的基本观点和研究背景，可以参考 Maurice Albert, *Les Théâtres de la foire, 1660–1789* (Paris, 1900)。对于歌曲和歌曲创作，当时最具启发性的著作是 Charles Collé, *Journal et mémoires de Charles Collé sur les hommes de lettres, les ouvrages dramatiques et les événements les plus mémorables du règne de Louis XV (1748–1772)*, ed. Honoré Bonhomme (Paris, 1868)。关于卡维咖啡馆，可以参见 Brigitte Level, *Le Caveau, à travers deux siècles: Société bachique et chantante, 1726–1939* (Paris, 1988) 和 Marie-Véronique Gauthier, *Chanson, sociabilité et grivoiserie au XIXe siècle* (Paris, 1992)。

站在相距几步远的凳子上，拿着小提琴，指着一张铺开的帆布或画着画的广告牌。帆布和广告牌上写着他们的表演内容。第一块广告画着魔鬼和地狱之火的危险，据说只要购买了肩衣（僧侣佩戴在肩上的一种神圣布带），便可以避免。第二块广告牌描绘了一位只取得一场胜利的将军，而他竟然在喝酒，以示庆祝。第二位歌手显然要比第一位表演得更好，因为人们都聚集在他的身边，纷纷掏出 2 便士投给了他。[1]

　　梅西耶以讽刺的笔调详细叙述了这一场景，认为这是一场神圣与渎神之间的较量。尽管不应从字面上理解，但他描述的街头歌手的基本特征，当时的印刷品中也有提及：除了一个较高的舞台，还有海报和乐器。最好的乐器是小提琴，因为小提琴的琴弓可以当作指挥棒，引导听众体会故事中的某段情节或指明某人的身份。

　　不论在欧洲的什么地方，公开处决都是歌曲创作的最佳素材，任何一位声名显赫的人都有可能成为轻喜剧的主人公。事实上，梅西耶就曾以略带夸张的口吻说道，那些没有被编入歌里的人，没有一个能成为名人，普通百姓们认为，"对新桥诗人来说，名人被处以死刑是一件好事，因为这类人的死会被改编成一首诗歌，并在小提琴的伴奏下演奏。整个巴黎都在为歌曲提供素材；不管是战地元帅还是死刑犯，也不管他做了什么，只要没有成为歌曲中的人物，任何人都别想出名"[2]。

87

　　街头歌手生活在现实社会的边缘，就像四处乞讨的乞丐一样，他们与非法商贩也有很多相似之处，因为他们经常出售手写或印刷的小

---

[1]　参见 Mercier, *Tableau de Paris*, I, pp.1283–1284。

[2]　Mercier, *Tableau de Paris*, I, p.1285.

这是一个正在进行演出的巡回歌手，而他的同伴则是一些卖小饰品和民谣小册子的商贩。路易·约瑟夫·瓦托（Louis Joseph Watteau）于1785年创作了这幅画（法国里尔美术宫［Palais des Beaux Arts, Lille］藏，图片来自法国国家博物馆联合会［Réunion des Musées Nationaux］/ 纽约艺术资源［Art Resource］图片库）

册子，上面写着他们的歌词。这些小册子类似于小贩们沿街叫卖的畅销故事书和年鉴杂志。[1] 歌词册通常为 6 页、8 页或 12 页的手稿，也有粗制滥造的印刷品，上面有时还标着音乐注释，售价一般为 6 苏。

　　某些小册子是由行家出版的，比如 J.-B.- 克里斯托夫·巴拉尔（ J.-B.- Christophe Ballard ），他出版了《歌曲文集的关键，或一百多年以来（ 1717 ）的歌舞剧汇编》（ *La Clef des chansonniers, ou Recueil de vaudevilles depuis cent ans et plus [1717]* ），但是其他小册子的出版商和作者多被认为是编造的，比如 "巴黎歌手贝吕默"（ Belhumeur, chanteur de Paris ）、"博尚"（ Beauchant ）、"谈论乔伊之父的巴索勒"（ Bazolle dit le Père de la Joye ）、"谈论娱乐的巴蒂斯特"（ Baptiste dit le Divertissant ）。[2] 用化名的歌曲作家——特别是 "贝吕默" 和一些虚拟人物，比如 "布斯巴克里的奥诺雷·菲亚克·比隆先生"（ Messire Honoré Fiacre Burlon de la Busbaquerie ）[3]——经常出现在歌曲集中。此外，歌曲集中还提到了那些可能真正存在过的演唱者，我们可以通过职业来认识他们，比如 "警卫队的一位掷弹兵"，"一个住在圣日耳曼省贝西街（ rue du Bacy, faubourg Saint Germain ）的假发商"，以及 "朗布依埃（ Rambouillet ）

---

[1] 有一首歌甚至歌颂了卖年历的小贩："不管您是大人物还是小人物，请您购买；购买我们正在向您兜售的年历吧。这个年历可以用一万年。只要看到它的优点就能做出这个判断。" 该歌曲的文本现收藏在 "Recueil de vaudeville [*sic*], contredanses et airs détachées [*sic*]," VI, p.369。

[2] BnF, ms. Fr. 12715, p.59. 根据夸罗的研究，这些歌曲小册子都由一些相同的商业机构印刷出版，比如加尼耶（ Garnier ）和特鲁亚的乌多（ Oudot of Troyes ），它们都生产廉价的小册子和日历。参见 Coirault, *Notre chanson folklorique*, pp.165, 304。

[3] BnF, ms. fr. 12713, p.35.

LA SIMPLE

FILLETTE

Vaudeville

Nouveau

Prix 6 .ᶠ

A PARIS

Chez
- Mme Boivin rue S.ᵗ Honoré à la regle d'Or.
- M^r le Clerc ruë du roule à la Croix d'Or.

这是一份歌曲集手稿（法国国家图书馆音乐部藏）

的居民……他不仅是个帽子制造商，还懂得如何写诗"。[1]

　　通过职业鉴定，可知诗歌作者并非全都出身有教养的阶层。然而，
无论他们是什么出身，他们所唱的歌曲都属于街头文化。来往于林荫大　　89
道上的街头歌手有时还会和一些妓女合作，尤其是那些以弹奏手风琴而
闻名的女性手摇弦琴演奏者（vielleuses），她们通过低俗的传统歌曲来拓
展色情生意，有的甚至在咖啡馆的密室里卖淫。[2]歌曲在各个社会阶层传
播，跨越各种社会边界，渗透到令人意想不到的地方。一首圣诞歌曲既
能成为颂歌，也可能成为一首政治讽刺作品。每到年末，廷臣们便喜欢
创作这类讽刺作品，并传播到巴黎的大街小巷。当传回凡尔赛宫时，诗
歌早已添加了新诗句。有时，如果一首新歌非常受欢迎，城市的每一个
角落都会有它的踪迹，它还会被改编成任何一个想象得到的话题。有一
首歌叫作"巴尔纳巴斯神父的拐杖"（La Béquille du père Barnabas，某些
版本简作"巴尔纳巴"[Barnaba]），它描述了一个贫穷的方济嘉布遣会
修士在拐杖被偷后忍受痛苦的故事。不知为何，这首歌在 1737 年引起了
巴黎各界人士的共鸣。当年所有的歌曲集都将其收录其中，并依据不同
话题进行改编，有的涉及政治话题，有些比较哀伤，有的则比较淫秽。[3]

---

[1]　BnF, ms. fr. 12712, p.233 ; ms. fr. 12713, p.221; ms. fr.12714, p.22. 夸罗提到了一个贵族，
即布热得子爵（vicomte de La Poujade），他是陆军卖督（lieutenant colonel），虽然是个文
盲，但他创作了很多歌曲。参见 Coirault, *Notre chanson folklorique*, pp.125, 134。

[2]　参见 *La Gazette noire, par un homme qui n'est pas blanc; ou Oeuvres posthumes du Gazetier cuirassé*
（"imprimé à cent lieues de la Bastille, à trois cent lieues des Présides, à cinq cent lieues des
Cordons, à mille lieues de la Sibérie," 1784), pp.214–217。

[3]　BnF, ms. fr. 12707, p.173; ms. fr. 12712, p.233; and ms. fr. 12713, p.221.

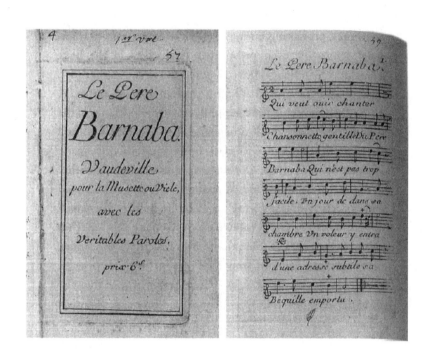

一首 1737 年非常流行的歌曲，收藏在某本歌曲集手稿中，其中还有音乐注释（法国国家图书馆音乐部藏）

自 1747 年起，发源于木偶表演的"傀儡戏"（Les Pantins）越来越受欢迎。由硬纸板做成的木偶被称为"牵线玩偶"（Pantins/Pantines），有时还会戴上公众人物的面具，它们在市场上卖得很好。表演傀儡戏的人一边操纵着丝线让它们跳舞，一边唱着讽刺大臣、取笑教皇和嘲笑巴黎高等法院的歌曲，比如：

> 你们［指高等法院的人］其实就是些傀儡；
> 你们只有身体，没有灵魂。[1]

歌词和曲调的可替换性引发了一个问题：如果不同主题的歌词能用同一种旋律唱出，那么，如何能够找到与一种音乐相关联的共同主旨呢？在某些案例中，这种关联性表现得很明显，比如那些取笑巴黎市长（巴黎的主要市政官员，也是被讽刺的主要对象）的歌词就被配上了一致的曲调，而这一曲调便以"巴黎市长"（Le Prévôt des marchands）之名流行开来。[2]1751 年，巴黎高等法院法官被流放，该

90

---

[1] BnF, ms. fr. 12716, p.97. 源自木偶表演的歌曲即是所谓的"木偶之歌"（Chanson de Pantin et de Pantine），参见 BnF, ms. fr. 12716, p.67。《克莱朗博歌曲集》的这一卷包含了七个版本的木偶之歌，都是在 1747 年之后才出现的。

[2] 参见 "Chanson sur l'air 'Le Prévôt des marchands' sur M. Bernage, prévôt des marchands," BnF, ms. fr. 12719, p.299。还有一首类似歌曲与另外一件事情有关，索引号是 ms. fr. 12716, p115。作为市长，贝尔纳热（Bernage）组织了数场庆典仪式，然而活动办砸了，他也因此成为许多讽刺诗歌的攻击目标。与时政有关的歌曲的范例——此处时政指的是法军在 1746 年攻占布鲁塞尔——是"有关 1746 年 2 月 20 日萨克森元帅带领国王军队包围并攻占布鲁塞尔的新歌，搭配曲调为'再见了，所有穿毛绒大衣的轻骑兵们'"。此歌曲索引号是 ms. fr. 12715, p.21。这首诗歌的开头两句是"跟布鲁塞尔说再见吧，荷兰的绅士们"。

事件不久后也成为某首诗歌的素材。该诗因为搭配了一首比较出名的曲子——"那将不会持续太久"（Cela ne durera pas longtemps）——所以人们可以清楚识别出歌词的立场。[1] 但是，这类情况相对来说还是很少，更常见的情况是歌词和曲调表达的主旨不一致。相同的曲调经常被用来传递截然相反的信息，相同的歌词有时也会搭配上不同的曲子。

91

当警察追捕十四人事件的犯罪嫌疑人时，那些曲子像幽灵般游荡在巴黎街头。如果将上文提及的困难牢记于心，那么，是否有可能发掘出这些曲子之间的关联呢？要解决这个问题，我们需要知道 1749 年最出名的曲子是什么，还要知道它们如何反映当时的事件。相关详细信息在本书的末尾处，还可参见附录"流行的曲调"和"由埃莱娜·德拉沃演唱的卡巴莱电子音乐：巴黎街头歌曲，1748—1750"。十四人事件中有两首非常重要的诗歌，然而我们并不清楚到底有多少人接触到了它们。在以上材料的帮助下，我们能对这个问题做出怎样的推断呢？

导致莫勒帕内阁在 1749 年 4 月 24 日倒台的那首歌，其曲调在许多歌曲集中都有出现，标题便是它的首行歌词"苏醒吧，睡美人"（Réveillez-vous, belle endormie）。与之相关的记载最早可追溯到 1717 年，一部附有解码书的歌曲集将之记载了下来，部分歌词如下：[2]

---

[1]　BnF, ms. fr. 12720, p.363.

[2]　参见 *La Clef des chansonniers, ou Recueil de vaudevilles depuis cent ans et plus,* I, p.130.

苏醒吧，睡美人，

如果我的话语能让你高兴。

但是如果你有所顾虑，

那就睡觉吧，或者假装睡觉。

对于这个曲调什么时候第一次出现，我们无法得知。如果继续寻 92
找源头，从那份 1717 年歌曲集还能再往前追溯一百多年，[1] 其中"苏
醒吧，睡美人"的 16 世纪版本是"苏醒吧，沉睡的心灵"（Réveillez
vous, coeurs endormis ）[2]。虽然在巴黎街头传播的歌曲中，有些可以确认
来源，比如歌剧院，但是音乐学家和民俗学家一般认为，寻找一首传
统歌曲的原始版本其实毫无益处，因为流传最广的歌曲一直被不断改
编，而且它的素材来源也无法确定。以"苏醒吧，睡美人"为例，研
究该领域的权威专家帕特里斯·夸罗（Patrice Coirault）认为这首歌最
早的版本与一则传说故事有关。故事中，一位青年男子出现在心上人
的窗前，希望这名女子能嫁给他。当他把心上人唤醒，女孩却回答说，
她的父亲决定把她送去修道院，并已拒绝了这门婚事。男子悲痛欲绝，
宣布要离开尘世，去做一名隐居的修士。[3]

---

[1]　在 *La Clef des chansonniers* 的前言中，J.-B.- 克里斯托夫·巴拉尔强调，他的选集是由经
典歌曲组成的，"即使过去很长一段时间，有关这些歌的记忆都不会消失"。

[2]　希利亚德乐团（Hilliard Ensemble）演奏的录音中也能听到它，请参见 Hilliard
Ensemble, *Sacred and Secular Music from Six Centuries* (London, 2004)。

[3]　参见 Coirault, *Répertoire*, I, p.2605。其中，夸罗列举了该诗首句的以下版本："苏醒吧，
睡美人；苏醒吧，因为天已经亮了；把头贴在窗棂；你将听到爱情正向你倾诉。"

这首歌的旋律也让其内容所表达的哀伤之情更加强烈。只要听过
埃莱娜·德拉沃的录音，人们就会认识到：这首歌虽然悦耳动听，却
让人感到悲伤；尽管旋律简单，却易使人情绪激动。这首歌后来的诸
多版本都有此特征。广受欢迎的轻喜剧作家夏尔·弗朗索瓦·帕纳尔
也改编过这首歌，在他笔下，这首歌成了那名男子吟唱的挽歌，充满
哀鸣之音。这名求爱者凝视着一条河流，觉得自己坚贞不渝的爱情就
像河水一样，从山上奔流而下，涌向繁花盛开的平原。他唱道：[1]

93   滋润着平原的溪流啊，

                   我与你有许多相似之处。

                   同样的动因始终推趋着你。

                   我的爱情也将永不改移。

　　无论这首歌经历过什么样的演变，我们都可以得出这样的结论：
它唤起了爱情、温柔以及甜蜜又忧郁的情绪。

　　这首诗歌所引起的一系列联想构建了一幅画面，或者说一幅愿景，
由第一行文字和声音触发。攻击蓬巴杜夫人的版本也有此效果。事实
上，还有一首仿写的诗歌早就展现了语言风格从甜蜜多情向恶意讽刺

---

[1]　参见 *Le Chansonnier français, ou Recueil de chansons, ariettes, vaudevilles et autres couplets choisis avec les airs notés à la fin de chaque recueil* (Paris, 1760), X, p.78。帕纳尔的大部分歌曲和喜剧作品创作时间均在 18 世纪 30 至 40 年代之间。不过，有些歌曲的歌词是他在 1749 年莫勒帕失势之后写的。

的转变，该诗旨在羞辱一位不知姓名的公爵夫人，其创作年代比攻击蓬巴杜夫人的那首还要早一些。诗文的开头采用了悦耳的声调，然而结尾处却颇具攻击性，其内容如下：[1]

> 公爵夫人，在您那迷人的小径，
> 不是恩惠和笑声，
> 而是爱情致使颤动不停，
> 一群挥翅的蝙蝠。

94

攻击蓬巴杜夫人的诗文被认为是莫勒帕所写，而且与上文提及的那首攻击某位不知姓名的公爵夫人的模仿诗非常相似，它们都运用了相同的技巧，即在末尾处引用并不合宜的突兀文字，以此来转变诗歌的画风。攻击蓬巴杜夫人的诗歌内容如下：

> 凭借高贵而随意的姿态，
> 鸢尾花啊，你迷惑了我们的心灵；
> 在我们的道路上，你撒满了花朵。
> 但那都是白色的鲜花。

"白色的鲜花"（fleurs blanches/flueurs blanches）暗指性病，以此

---

[1] BnF, ms. fr. 13705, folio 2.

来羞辱人要比借蝙蝠辱骂他人更加下流。它还表明，诗歌作者将那首辱骂不知姓名公爵夫人的诗文进行了改编，将炮火对准了新人物——蓬巴杜夫人。无论它的同时代素材是什么，这首在 1749 年导致莫勒帕倒台的诗歌的威力来自联想，而这些引起联想的事物的原型最早可以追溯至 16 世纪。对于巴黎民众来说，该诗最后一句表达出来的攻击性情感被这些易生联想的字词强化，因为最后一句所用修辞十分怪异，它的风格与前文不符，将一首爱情颂歌突然转变成了一首政治讽刺诗。

95   我必须使用"可能"一词来避免对这里的讨论做出正面答复，因为它会引起一系列猜测，也容易遭到反对。例如有人会指出，"苏醒吧，睡美人"这首歌最开始可能只是一首哀伤的情歌；但如果经常被引用，它可能会让人联想到其他一些东西，当 1749 年人们听到这首歌时，这些联想会让他们的反应受到干扰，产生矛盾，甚至变得混乱。为了弄清楚这首曲子传递的其他信息，我查阅了两份歌曲集，即《克莱朗博歌曲集》(*Chansonnier Clairambault*) 和《莫勒帕歌曲集》，它们是 1738 至 1750 年间出版的内容最丰富的两部歌曲集，而且后者还是莫勒帕的收藏。（不幸的是，莫勒帕的歌曲收藏截至 1747 年，因此没有包含任何与他倒台相关的内容。）[1] "苏醒吧，睡美人"这首歌在歌曲集中经常

[1]　前文注释提到了《克莱朗博歌曲集》和《莫勒帕歌曲集》。不管莫勒帕是否和导致他失势的诗歌有关，他都因为收集歌曲和讽刺性文章闻名于世。法国国家图书馆收藏的《莫勒帕歌曲集》以工整的秘书体书写而成，据称是直接取自他的收藏。我还研究了第三份歌曲集，即《为时间的历史服务，以及与法国政府相关的恶毒著作》。就同时段而言，它包含的材料比《克莱朗博歌曲集》和《莫勒帕歌曲集》都要丰富，但是其中只有两首歌搭配的曲调是"苏醒吧，睡美人"，并且其中一首被认为是莫勒帕写的。不过严格来说，《为时间的历史服务，以及与法国政府相关的恶毒著作》不能被看作一份歌曲集，因为它收录的大部分非正式诗歌和讽刺作品并没有采用歌曲的形式。

出现，意味着它是歌手为老曲写新词时最喜欢使用的旋律之一。《克莱朗博歌曲集》有 13 卷，每卷 400 多页，所藏诗歌的创作时间覆盖 1738 至 1750 年，其中有九个版本的"苏醒吧，睡美人"。在这九个版本中，有四个旨在反对廷臣和贵族。这类讽刺诗的代表是对菲贝尔·奥里（Philibert Orry）的攻击，他是财政总监，因其兄弟的奢靡腐败而遭到牵连。该诗内容如下：[1]

96

> 奥里，财政总监，
>
> 据说，为了惩罚他的兄弟，
>
> 因其所有疯狂的挥霍，
>
> 他将被送进卡兰登［精神病院］。

很显然，"苏醒吧，睡美人"曲调非常简单，讽刺作家很容易改编，用以攻击名人。巴黎人可能已经习惯了此类音乐，早已做好了"准备"，因此，当听到这首歌被用来攻击蓬巴杜时，他们不会感到惊讶。

不过，这首曲子的其他套用并没有一个固定、明确的模式。奥地利王位继承战争期间，它被用来嘲笑敌人的军队。当土耳其大使出现在巴黎时，它则被用来嘲笑使者的奇怪请求。此外，它还用于嘲笑法兰西科学学院，甚至用于表达对詹森主义者受到迫害而愤愤不平。[2] 支

[1] BnF, ms. fr. 12708, p.269. 另外三首与此相似的讽刺诗出现在 ms. fr. 12708, pp.55, 273; ms. fr. 12711, p.112。

[2] BnF, ms. fr. 12709, p.355; ms. fr. 12711, p.43; ms. fr. 12712, p.223; ms. fr. 12719, p.247.

持詹森主义者的版本盛赞夏尔·科芬，已经退休的巴黎大学前任校长，认为他是詹森主义事业的殉道者。因为拒绝接受谴责詹森主义者的《乌尼詹尼图斯谕旨》，他没有获得临终圣事，并在没有机会忏悔的情况下离世。该版本歌词如下：

> 您［科芬］用行为告诉我们
>
> 一个人必须热爱真理，
>
> 逃离了被诅咒的教皇训谕
>
> 一个人便能到达来世。

尽管詹森主义者反对政府的倾向非常明显，但就语气和精神来说，没有哪首诗歌能超过抨击蓬巴杜版本的"苏醒吧，睡美人"。[1]

《莫勒帕歌曲集》证实了对《克莱朗博歌曲集》的研究发现。其中有五首歌与后者所收相同，另外还有一首歌，并没有讽刺任何人，也没有谈论任何政治问题，只是庆祝了当时最新上演的一出歌剧。[2]

考虑到"苏醒吧，睡美人"在1739至1749年间的各种用途，我们不应认为在导致莫勒帕下台这件事上，是单一联想支配了所有其他。这首曲子经常被用来批评公众人物，以至于巴黎人在用它嘲笑蓬巴杜

----

[1] 不管莫勒帕是否真的写了该诗歌，反对蓬巴杜夫人的版本都已经和他联系在了一起，而且他属于宫廷的"虔诚派"（devout），或称反詹森主义派。

[2] BnF, ms. fr. 12649, folio 173. 还有另外一些材料也提到了"苏醒吧，睡美人"，它们的索引号分别是 ms. fr. 12647, folios 39 & 401。

夫人时，可以听到更早的讽刺作品的"回音"。巴黎人还会把它同其他主题联系起来，其中一些相对比较琐碎。即使我们将档案彻底地梳理清楚，也不可能找到直接且不容置疑的思维层面的联系，从而将三百年前法国人之间交流所用的声音和字词联系在一起。

　　尽管无法窥探死者的思想——生者的思想亦不可知——人们仍然可以合理地重建一些与流行曲调相关的联系模式。只要整理一下歌曲集收录的曲子，并制成表格，我们就可以确定哪些曲子是最受欢迎的。（有关这项研究的讨论，请参见本书附录五"流行的曲调"。）我已经找出了十二种曲调。我相信，在 18 世纪中叶的巴黎，几乎每个人都知道它们。在这十二首曲子中，最受欢迎的是"我应该念忏悔经吗"（Dirai-je mon Confiteor），同时它也以"当我的情人向我求爱时"（Quand mon amant me fait la cour）而闻名。它的标志是一个叠句"啊！是他，啊！是他"。"一个娼妓的私生子"是十四人事件中最出名的诗歌，它所配的曲子便是"我应该念忏悔经吗"。通过第三章的诗歌传播示意图（见第 20 页），我们可以发现"一个娼妓的私生子"从两个地方进入诗歌传播网，并与另外四首煽动性诗歌的传播路线相交。十四名嫌疑人中，至少有六人传递了这首诗歌。第十章的内容已经指出，"娼妓"是指蓬巴杜夫人，而该诗反对蓬巴杜夫人的版本也一直在变化，因为巴黎人不断创作新诗句，来嘲讽更多的公众人物，或暗中讽刺最近发生的事件。

　　只要观察"一个娼妓的私生子"这首诗歌的演变过程，我们便会发现，随着时间的流逝，越来越多新诗句添加到了原有的诗文中。此

98

外，在涉入十四人事件之前，它的歌词和曲调之间可能已经有了一些
其他联系，为了找到这些关联，我们应该追溯该曲调更早的歌词载体。
和许多流行曲一样，它最早的版本是以情歌的形式出现的。根据帕特
里斯·夸罗的说法，这首歌的原始歌词讲述了一个小伙子追求一个女
孩，并骗她说出真实感情的故事。为了知道女孩是否只是在回应他的
激情，他伪装成一名方济嘉布遣教徒，潜入忏悔室，询问她的罪过，
使她承认确实爱上了他。[1] 后来的一个版本取消了忏悔情节，并颠倒了
角色。每当男孩叹息和痛苦时，女孩就会埋怨他的胆怯。她希望他能
有所行动，而不是口头说说。她决定戏弄那些未来的情人们，以此来
折磨他们；她会给予一些好处，却绝不会完全满足他们。[2] 新版本让男
孩看起来十分荒谬，这种转变为诗歌政治性版本中的讽刺叠句做了铺
垫。叠句内容如下：

> 啊！是他，啊！是他，
> 他什么也不关心。

到 1740 年，此句出现在了其他诗歌中，且与 1749 年"十四人事
件"中反对蓬巴杜夫人的版本一样，都是在抨击贵族。1740 年版本的
第一句诗批评了年迈的枢机主教费勒里（Cardinal de Fleury），他仍把

---

[1] 参见 Coirault, *Répertoire des chansons*, I, p. 225。

[2] 参见 *Le Chansonnier français*, VIII, pp. 119–120。

持着政府的权力核心。此外，它还取笑了国王的无能。而1749年版本
的首句诗文抨击的对象变成了蓬巴杜，所用策略竟然和1740年版相同。
1740年版本（即反费勒里版）内容如下：[1]

> 我们那年迈的费勒里长官
>
> 应该继续扮演摄政官，或者直接死掉，
>
> 他的小信徒路易
>
> 应该打猎，骑马（同时私通），然后喝酒，
>
> 啊！是他，啊！是他，
>
> 他什么也不关心。

1749年版本（即反蓬巴杜夫人版）为：[2]   100

> 一个娼妓的私生子
>
> 竟然能在宫廷青云直上，
>
> 在爱情和美酒中，
>
> 路易轻易地获得了荣耀，
>
> 啊！是他，啊！是他，
>
> 他什么也不关心。

---

[1] BnF, ms. fr. 12709, p.181. 这首歌一共有18句，每句分别攻击了某位大臣、将军或者廷臣。同时也可以参考该诗的另一个版本（BnF, ms. fr. 12635, folio 275），结构基本是一样的。

[2] 巴黎市历史图书馆，ms. 580, pp.248–249。

　　许多听过 1749 年版本的巴黎人可能会察觉它对 1740 年版本在不同情境下的作用。该诗歌还有其他几个更晚近的攻击蓬巴杜夫人的版本，当时的巴黎人也可能对这些新版本有深刻的印象。在各种歌曲集中，我一共找到了九个 1747 至 1749 年间攻击蓬巴杜的版本（参见附录二"'一个娼妓的私生子'版本比较"）。虽然每个版本稍有不同，但它们有三个共同的基本特征。其一，诗歌中都有一连串的句子嘲笑公众名人；其二，每个诗句都用了同样的曲调；其三，它们都带有同样的叠句。尽管这个问题有一些推论成分和不确定性，但我认为得出这样的结论是合理的：18 世纪 40 年代，尽管攻击的目标不停转变，但是，"我应该念忏悔经吗"这个曲调一直都发挥着调动反政府情绪的作用。在诋毁个别贵族的同时，它也一直被用来嘲讽国王，每首歌在其结尾处都会嘲笑国王是个无能、自娱自乐的庸人，说"他什么也不关心"。

　　"我应该念忏悔经吗"确实给路易十五带来了非常负面的影响，但是讽刺并不能证明它是共和主义的萌芽，或是对君主政体不满。同"苏醒吧，睡美人"一样，它只适合那些不提及国王但评论时事的歌词，那些时事可以是法国在奥地利王位继承战争中取得的胜利，也可以是詹森主义的争论，甚至是一家出名的咖啡馆老板的破产。[1] 当然，对于君主制的看法，该诗歌的各个版本也表达了不少相互矛盾的观点。

---

[1]　参见 BnF, "Chansonnier Clairambault," ms.fr.12707, p.427; ms.fr.12708, p.479; ms.fr.12709, p.345; ms.fr.12715, pp.23, 173。同时参考 BnF, "Chansonnier Maurepas," ms. fr. 12635, folios 239 and 355; ms.fr.12649, folio 221; and ms.fr.12650, folio 117。最后，还可以参考巴黎市历史图书馆，ms. 648, p. 346。

其中有两份就写于国王声望正隆之时。1744 年，身处梅茨（Metz）的路易十五刚刚从疾病中恢复过来，这两首诗歌因而称颂他为"被喜爱者"。还有两个版本谴责了国王与内勒姐妹的爱情逸事，并将此事视为通奸和乱伦。[1]

歌曲传达信息的力量是无可争议的，特别是在一个高度文盲的社会，但是如果对本章所讨论的两首歌的历史做过度解读也会有问题。把 1789 年之前发生的所有事情都看成大革命发生的原因，还有比这更错误的看法吗？我认为更有意义的，不是纠结于因果关系，而是思考如何将诗歌当作一种窥探旧制度下充满了象征符号的平民世界的方式。人类学家经常强调象征符号拥有多种含义，即使所用的文化习语是一样的，表达的含义可能千差万别。[2] 不管是在字面上，还是从象征意义 102 上来说，这些诗歌唱出了声音多样性（multivocality）。不同的作曲家添上新的句子，后来的歌手按照曲调演，这时，同一首歌就可以表达出许多关联性信息。"苏醒吧，睡美人"和"我应该念忏悔经吗"的多个版本都展示了这个过程。它们和公共舆论的研究有一定联系，但是不能证明唱着歌的巴黎人已经做好了进攻巴士底狱的准备。

---

[1] 参考 BnF, "Chansonnier Clairambault," ms. fr. 12710, pp.171，263；ms. fr. 12711, pp.267, 361。还可以参照 BnF, "Chansonnier Maurepas," ms. fr. 12646, folio 151；ms. fr. 12647, folio 209。巴黎市历史图书馆的资料（ms. 646, p.231）也可以作为参照。

[2] 在许多关于象征主义的人类学解释中，比较有代表性的著作可以参见 Victor Tutner, *The Forest of Symbols: Aspects of Ndembu Ritual* (Ithaca, N.Y., 1967) 和 Victor Tutner, *Dramas, Fields, and Metaphors: Symbolic Action in Human Society* (Ithaca, N.Y., 1974)。

第十二章

歌 曲 集

诗歌乘着音乐在整个公共领域传递着信息。但是在18世纪的巴黎，"作为整体的公共空间"真的存在吗？即使到了今天，这个词听起来也让人将信将疑。与十四人事件相关的听众存在异质性，而"公共舆论"这个词恰恰容易让人忽略这一点。警察从十四人事件搜查出来的六首诗中，有三首诗歌的格式采用了古典模式，喜欢这种模式的人一般都倾向于严肃的演讲和正规的戏剧。我们可以想象十四人事件中的修道院院长和法律职员们相互传唱这些诗歌，皮埃尔·西格涅还向他的学生们朗诵了这些诗。但是，在拉丁语区之外，真的有人知道它们吗？也许没有。与传统的八音节歌曲不同，亚历山大格律的古典诗歌不适合演唱。在市郊的酒馆和小咖啡馆里，普通人可能会哼唱"一个娼妓的私生子"这首诗，但是，古典诗歌是不会出现在这两个地方的。尽管"一个娼妓的私生子"与几首用同一曲调演唱的著名歌曲有联系，但它的出处可能是宫廷，而且没有直接的证据表明巴黎民众对它的接受程度如何。无论文本分析多么具有启发性，对于信息的传播

103

与接受问题，它都不可能给出确切的结论。

104　　　歌曲集为这个问题的研究提供了一些帮助。十四人事件发生时，有许多口头和书写材料在巴黎的信息传播网络中流传，而这些都被歌曲集完整地记录了下来，这也为十四人事件中六首诗歌的研究提供了语境。歌曲集的篇幅便足以证明它们有助于解决问题。最著名的当数《莫勒帕歌曲集》和《克莱朗博歌曲集》，分别有 44 卷和 58 卷。[1] 另外，巴黎市历史图书馆也收藏了一份歌曲集，一共有 30 卷，其中包括了 641 首关注时事的诗歌，时间是 1745 至 1752 年。这份歌曲集中的一册包含了 264 首歌曲，其中大部分都对政府怀有敌意，而它们的创作时间大都在 1748 年的最后几个月至 1750 年的最初几个月。此外，这一册还记载了十四人事件中流传的诗歌。达让松侯爵就曾在日记中指出，这是个"歌曲和讽刺作品如雨后春笋般四处现身"的时代。这些歌曲四处传播，不只限于有教养的精英阶层。多年后，尚福（Chamfort）还为此嘲笑法国政体，"一个因歌曲而变得温和的绝对君

---

[1]　它们都收藏在法国国家图书馆，《莫勒帕歌曲集》的索引号为 ms. fr. 12616–12659，《克莱朗博歌曲集》的是 ms. fr. 12686–12743。这些文集覆盖的时间非常长。虽然莫勒帕因为收集歌曲和议论时政的诗歌而"臭名昭著"，而且歌集还以他的名字命名，并与他的纹章捆绑在一起，但是这可能并不是他亲自编纂的。《莫勒帕歌曲集》都是 1747 年之前的作品，对于十四人事件的研究，它能起到的作用非常小。相对而言，《克莱朗博歌曲集》就要丰富得多。然而，收藏材料最丰富的还是位于巴黎市历史图书馆的一份不太有名的歌曲集，特别是索引号为 ms. 580 和 ms. 639–651 的材料，参见 Emile Raunié, *Recueil Clairambault Maurepas, chansonnier historique du XVIIe siècle* (Paris, 1879)。那些已经出版的歌曲集，包括 Raunié 的，都没能体现出收集手稿的歌曲集的丰富性。然而，民俗学者的研究能够提供许多有益的帮助，尤其是帕特里斯·夸罗的著作，参见 Patrice Coirault, *Notre Chanson folklorique* (Paris, 1941) 和 Patrice Coirault, *Formation de nos chansons folkloriques* (Paris, 1953–1963)。

主制"。[1]

　　每一个翻阅过这些卷册的人都会立刻被它们的种类所震撼。一方面，它们包含了一些十分无聊的诗歌，特别是十四人事件中流传的那三首不是用来演唱的作品。[2]另一方面，它们还记载了各种各样的饮酒歌、流行民谣和俏皮话。但是，不同种类的诗歌拥有一些相同的主题，而且它们与十四人事件中流传的诗歌所谈论的主题也相同，比如遭到贬损的国王、毫无益处的蓬巴杜夫人、无能的大臣、堕落的宫廷、令人感到耻辱的《亚琛和约》、受到不公正对待的爱德华王子、不人道的二十分之一税等。总之，这些诗歌的种类非常丰富，需要用一本书的篇幅才能证明，不过以下也有一些例子可以大致说明诗歌种类的丰富性。

　　谜语　听者必须辨认出诗句所嘲讽的对象：

　　　　他不想拿走任何东西，

---

[1]　参见 *Journal et mémoires du marquis d'Argenson*, ed. E.-J.-B.Rathery (Paris, 1862), V, p.343。这段描述是达让松在 1748 年 12 月写下的，距离十四人事件还有六个月。在接下来的几周里，类似言论一直在反复出现。这同时也说明，歌曲集在 1748 年年底的几个月里收集的材料具有一定的真实性。也就是说，早在十四人事件之前，这些讽刺性歌曲就已经存在了，十四人事件也只是某种更广泛的社会现象的一部分。尚福对此事的嘲讽非常有名，如果要了解这句话的原文，请参考 Marc Gagné and Monique Poulin, *Chantons la chanson* (Quebec, 1985), p.ix。然而，我没能从尚福的作品中找到这句话的原句。

[2]　例如，"不幸的法国人啊，他们的命运多么悲惨"出现在《克莱朗博歌曲集》(BnF, ms. fr. 12719, p.37) 和巴黎市历史图书馆 (ms. 649, p.16)。巴黎市历史图书馆还收藏了另外两首诗歌，即"人们从前何等高傲啊，如今却如此卑躬屈膝"(ms. 649, p.13) 和"肆意挥霍百姓的财富"(ms. 649, p.47)。

他之所以拿走，只是为了在未来归还（1）

为了拿走一切，他抓住了两个外国人，（2）

为了归还所有，他又抓了一个外国人，（3）

为了带走王位觊觎者，他抓住了他，（4）

为了奉还王位觊觎者，他又带走了他。

写在下方的"解码书"可以为猜不出答案的人提供一些帮助：

106

（1）通过签订《亚琛和约》，国王归还了战争期间所获得的全部
战利品。

（2）萨克森和洛文德尔元帅（les marehals de Saxe et de Lowend'hal）。
据说他们掠夺了很多东西。

（3）圣·塞弗兰伯爵（le comte de Saint Séverin）在亚琛担任全权大
使，但是他的家族竟然来自意大利。

（4）爱德华王子。[1]

文字游戏　在"回声"（les echos）这类诗歌中，一句诗通常会被
分成几行排列，而最后一行的最后一个音节可以分离出来并加以复制，
这样便能产生回声效果，同时还形成了双关。当时一首鄙视路易十五
迷恋情妇的行为的诗，便用末尾的"回声"加强了这种情绪。其内容
如下：

---

[1]　巴黎市历史图书馆，ms. 649, p. 40。

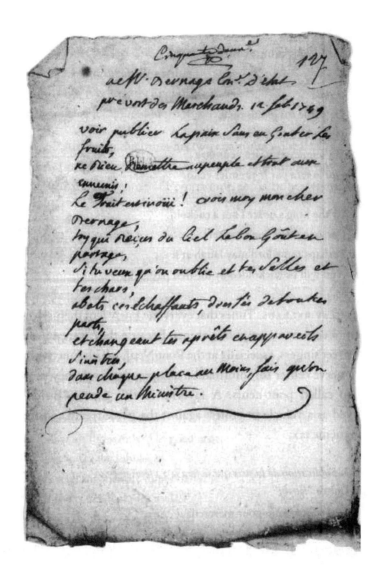

这张纸上写的歌曲抨击了《亚琛和约》以及为了庆祝条约签订而举办的庆典。庆典活动的组织者是巴黎市长贝尔纳热（法国国家图书馆藏）

一个小小的有产阶级，

竟能通过卑鄙的手段飞黄腾达，

用自己的标准来判断一切，

把宫廷变成了贫民窟。

国王尽管有所顾忌，

尽管不太热情，但仍然渴望得到她，

这荒谬的热情啊

让整个巴黎都笑了，笑了，笑了。[1]

*   *   *

Une petite bourgeoise

Elevée à la grivoise

Mesurant tout à sa toise,

Fait de la cour un taudis;

Le Roi malgré son scrupule,

Pour elle froidement brûle,

Cette flamme ridicule

Excite dans tout Paris ris, ris, ris.

嘲讽作品　这类作品写得很巧妙，而且做法更为露骨：

---

[1]　BnF, ms. fr. 13709, folio 43.

　　这首诗的主角是一群法国卫队的士兵，他们抓住了觊觎英国王位者

　　　　他们是为国王尽忠的英雄，

　　　　在马尔普拉凯（Malplaquet）、埃廷根（Ettingen）、丰特努瓦

（Fontenoy），

　　　　享受着同样的荣耀，

　　　　总之，勇敢的卫队成员们

　　　　据说，刚刚逮捕了觊觎英国王位的人。

　　　　他们抓住了一个英国人，天啊！多么伟大的胜利啊！

　　　　缪斯女神，请赶紧把它雕刻在记忆的神殿里

　　　　　　这次十分罕见的事件。

　　　　　　去吧，女神，带着一百种声音，

　　　　　　告诉地球上所有的人，

　　　　　　因为他是唯一一位

　　　　　　在战争中被我们俘虏的英国人。[1]

　　笑话　相对而言，前面两个例子吸引的大多是富有教养的观众，而诗文中经常出现的"Poisson"（音译普瓦松，意指鱼）则能被任何人理解，它是一种双关语，暗指蓬巴杜的娘家姓：

108

---

[1]　巴黎市历史图书馆，ms. 649, p.35。

> 以前是凡尔赛
>
> 为人们树立了良好的品味标准；
>
> 但如今，低贱之人
>
> 正在进行统治，已经占据上风。
>
> 如果宫廷自甘堕落，
>
> 我们为何要感到吃惊？
>
> 我们不正是从菜市场上
>
> 买到"鱼"的吗？[1]

俏皮话 最简单的诗文一般用于讲述大家都知道的事情，比如通奸，而这实际上是在谈论国王滥用权力的问题。因此，下面这首曾被吟唱和背诵的四行诗是以蓬巴杜丈夫的名义写的：

> 埃蒂奥勒先生（M. d'Etiole）
>
> 在国王的命令之下，我成了一个戴绿帽子的男人。
>
> 一个人能反抗他的主人吗？
>
> 也许一些贵族会笑话这件事
>
> 而他们的妻子也将会和第一个路人通奸。[2]

---

[1] 巴黎市历史图书馆 ms. 649, folio 71。这是流传最广的诗歌之一，它搭配的曲调是"我的尼古拉，你那美丽的眼睛"。

[2] BnF, ms. fr. 13701, folio 20.

流行民谣　每个人都熟悉这类曲子，当人们要对公共事件发表看法时，都喜欢用到它们。它们之所以被称为"新桥"，是因为传播者是街头歌手，尤其是聚集在新桥的歌手，这个地方就是普通民众的信息"集散中心"。这类曲子中最受欢迎的是"比里比"（biribi），它是人们反对和平条约和二十分之一税的武器：

关于 1749 年 2 月 12 日即将发布的和平

配曲为"比里比"

所以终于到了星期三

这天会有很多节目，

和平与贫困的现状

111

终将在巴黎得到确认，

据说，马绍（Machault）并不想，

La faridondaine, la faridondon, [1]

撤销他征收的税款，

Biribi,

以野蛮人（Barbari）的方式，我的朋友（mon ami）。[2]

搞笑的模仿海报　这些诗文旁边可能还有真正的告示，它们张贴

---

[1]　这是歌曲中经常会使用的叠句，目的是让句子更押韵。——译者注

[2]　藏于阿森纳图书馆（ms. 11683, folio 125）。这是警察从迈罗伯特手中缴获的诗歌之一。

在街角或者公共建筑物上。无论如何，街上的每一个人都能看到。其
中一份海报的内容如下：

> 谈论王位觊觎者的海报
>
> 　　法国人的脸都红了，因为苏格兰在颤抖。
>
> 　　国王已经开始为汉诺威的乔治效力了，
>
> 　　路易已经成了选帝侯的警察，
>
> 　　布下陷阱，实施抓捕，无耻暴行
>
> 　　一个新的汉尼拔，阿尔比恩的真正主人，
>
> 　　配得上宇宙主人的称号。[1]

112　　**滑稽的圣诞颂歌模仿诗**　它也充分利用了最出名的曲子：

> 圣诞节之歌"这个新生儿，他在哪里呢儿？"
>
> 　　国王很快就会
>
> 　　对他的傻丫头感到厌倦。
>
> 　　即使躺在她的怀里，
>
> 　　无聊也会慢慢接近他，吞噬他；
>
> 　　什么？他说，一直看歌剧，

---

[1]　巴黎市历史图书馆，ms. 649, p.31。同时索引号（ms. 649, p.60）还有其他类似的海报
　　诗歌（affiche poem）。

我们还要看更多的歌剧吗？[1]

长篇大论的攻击文章　这些语言粗暴的诗歌充满了愤怒和敌意，
以至于收藏者都不想将它们写进歌曲集。《克莱朗博歌曲集》的编纂者
在 1749 年的那一卷中写道："1749 年 2 月，爱德华王子被捕后，巴黎
出现了一首反对国王的诗歌。它的开头是这样的：'残害血亲的暴君，
等等。'因为觉得它太粗鄙了，所以我不打算把它放入我的歌曲集中。"[2]
但是有些"重口味"的收藏家则将它收录了下来。该诗内容如下：

> 残害血亲的暴君，惨无人道的卖国贼，骗子，
>
> 你怎么敢接受"被喜爱者"的称号？
>
> 流放和监禁，是一种奖励
>
> 对于一个国王的好儿子，一位不幸的王子来说。
>
> 你说乔治强迫你拒绝
>
> 给爱德华提供避难所。如果他命令你，
>
> 没有宗教信仰的国王啊，流放你的妓女，
>
> 回答我，可怜的国王啊，你会同意这么做吗？
>
> 你完成了工作，也犯下了一系列罪过，
>
> 在奢华的卢浮宫里建造一个绞刑台，

---

[1]　BnF, ms. fr. 13709, folio 42v.

[2]　BnF, ms. fr. 12719, p.37.

你能做到的事情便是牺牲那些无辜的人，

可怕的怪物，你自己当刽子手吧。[1]

114   达让松侯爵也认为这首诗太过暴力，难以忍受，觉得"它让人感
到恐惧"。[2] 几周前，也就是 1749 年 1 月 3 日，他指出，一些歌曲和
诗歌已经不再合乎礼仪："最近出现的那些反对他（路易十五）的诗歌，
侮辱了国王，就算是最差劲的法国人也抵制它。每个人都羞于将这些
诗歌留存下来。"[3] 1 月 24 日，达让松侯爵从某人那里得到了一首诗歌，
里面充满了对国王和蓬巴杜夫人的仇恨，难以卒读，只能将其焚毁。[4]
3 月 12 日，他看到了一些更可怕的诗句，比其他任何一首诗歌都令人
感到恐惧，因为它们扬言要弑君。侯爵说道："我刚刚看到两篇新的讽
刺国王的诗，它们太可怕了，看完后我的头发都竖了起来。它们怂恿
人们成为拉瓦亚克（Ravaillac）和雅克·克莱芒（Jacques Clément）（前
者刺杀了亨利四世，后者则是杀死亨利三世的凶手）。"[5] 对于宫廷来
说，这首诗带来的冲击可能过于强烈，但它已在巴黎流传开来，并被
两部歌曲集记载了下来。

在第一部歌曲集中，它表达抗议的方式不仅直接，而且非常野蛮：

---

[1] 巴黎市历史图书馆，ms. 649, p.50。

[2] *Journal et mémoires du marquis d'Argenson*, V, p.380.

[3] Ibid., p. 347.

[4] Ibid., p. 369.

[5] Ibid., p. 411.

> 路易令人感到厌恶
>
> 举办五十年节吧
>
> 离开你的妓女
>
> 并给我们一些面包。[1]

按照传统，为了赦免罪行，五十年节庆祝活动（Jubilee celebration）每五十年举办一次。原计划于 1750 年举行的活动却被取消，引起了巴黎民众的强烈不满。

第二部歌曲集的版本有所变动，其内容听起来像在煽动人们去 弑君：

115

> 受人爱戴的路易
>
> 臭名昭著的路易
>
> 路易举办了五十年节
>
> 路易离开你的淫妇
>
> 路易给我们一些面包
>
> 路易，小心点吧
>
> 巴黎还是有一些拉瓦亚克的。[2]

---

[1]　BnF, ms. fr. 12720, p.367.

[2]　巴黎市历史图书馆，ms. 650, p.261。

　　这些例子展现了歌曲集所包含的各种诗歌类型，同时也说明，这些诗歌不仅是富有文学色彩的文字游戏，还有低俗的诽谤文字。各种各样的诗文都在传递着相同的主题，十四人事件中的诗歌也在谈论这些主题。某些类型的诗歌非常简单，能够吸引那些不具备文学素养的平民大众。一些诗歌的作者可能来自宫廷，但其他作者多出身于社会底层。其中最伟大的平民作家是夏尔·法瓦尔（Charles Favart），他的父亲是一名糕点师。在巴黎，酒馆的歌手以及轻喜剧剧院的演员中有很多人都是他的同伴，比如夏尔-弗朗索瓦·帕纳尔、夏尔·科莱、让-约瑟夫·瓦代、亚历克西·皮龙、加布里埃尔-夏尔·拉泰尼昂、弗朗索瓦-奥古斯丁·帕拉迪·德·蒙克里夫（François-Augustin Paradis de Moncrif）等，他们都来自非常普通的家庭。他们的父亲要么是小律师，要么是商人。虽然他们获得了一些认可，比如，蒙克里夫入选了法兰西科学院，拉泰尼昂成了兰斯的教士，但他们大部分时间都与巴黎的平民百姓一起度过。此外，他们在卡维这样的咖啡馆里度过了许多个夜晚，这里不仅是许多歌曲的发源地，同时也是众多"酒神和歌唱协会"（bacchanalian and singing associations）的领头羊，比如这里有软木塞协会（the order of the Cork）、饮酒协会（the Confraternity of Guzzlers）和欢乐之友（the Friends of Merriment）。谁都可以跟着别人唱一两首饮酒歌，甚至可以即兴写下一两句诗歌，歌词中偶尔提及当下的时事更能激起大家的兴致。

　　档案并没有表现出歌曲创作的集体性和大众性，但是，警察档案中的迪布瓦夫人案件（the case of Mme Dubois）可以说明巴黎的小市民也是一些诗歌的作者。迪布瓦夫人一直过着默默无闻的生活，她承受着诸多负担，其中最大的负担是她的丈夫。她的丈夫是一名纺织品店的售货员，同时还是一个令人难以忍受的无赖。有一天，他们之间发生了十分糟心的争执，后来她便下定决心要摆脱他。她用假名给警察总监写了一封信，说她在街上碰到一个人正在给别人念诗，这两人一见到她就扔下诗逃跑了。她捡起了那首诗，并跟着那个朗读者来到他的住所拉万迪耶街（rue Lavandières）——正是迪布瓦夫人的寓所所在。这个故事其实是她编的，目的是希望警察对她的丈夫展开调查，把他关入巴士底狱。然而，在举报信寄出之后，她改变了主意，不想陷害她的丈夫了。把他关进地牢，难道就因为他是个无赖吗？她觉得很后悔，便来到每周一次的警察总监公开听证会，跪在警察总监面前，向他讲述了实情。警察总监原谅了她。这个案子的卷宗和那首诗也一起被归入档案。它虽不是什么伟大的艺术作品，但足以表明，有一些诗歌是由生活在社会底层的人创作的，其主旨和"一个娼妓的私生子"中的叠句所表达的意思相同：

117

> 我们不会有五十年节了。
>
> 人们对此感到很震惊。
>
> 贫穷的白痴们：什么！他们难道不明白
>
> 一个妓女正在主导着
>
> （被喜爱者路易的）政策实施？
>
> 教皇对此很不高兴，教会也觉得受到冒犯，

　　　但这位瞎了眼的国王，

　　　却相信自己是独立的，

　　　他不仅嘲笑教皇，还肆意交欢。[1]

———————————

[1]　警察的报告和这首诗歌收藏在 BnF, n. a. fr. 10781。此诗在韵律和思想之间似乎存在着某种隔阂，为了消除这种阻隔，我在括号中补充了一些文字。

第十三章

反　响

为了研究当时人们对这些诗歌的反应，有必要查阅他们的日记和回忆录。但这些记录不是为了满足现代研究者的好奇心而写的。它们通常只是讲述当时发生的事件，而不是对诗歌的反应。事件本身自会引起人们的反应。起初，人们会进行口头交流，而后则会用诗文和歌曲来表达自己的想法，一旦传播开来，这些想法便会在无形中起到宣传作用。

　　1748 至 1749 年间产生的诗歌创作，大多与爱德华王子绑架事件有关。埃德蒙 - 让 - 弗朗索瓦·巴尔比耶是巴黎的一名律师，他的日记对当时的公众情绪做出了客观评价，并把爱德华事件定义为重要的"国家事务"。巴尔比耶介绍了爱德华王子在剧院被捕的具体过程，并注意到，关于此次事件的舆论像涟漪一样从事件发生地传扬开来。他这样描述道："当时已经来到剧院的人们立马就知道了这个消息，不久后，那些在事件发生时正赶往事发地点或被阻挠在大街上的人也知道了这件事。爱德华王子事件引起了许多人的关注，不只是在剧院，整个巴黎都有人议论，毕竟这位命运坎坷的王子是如此受人爱戴和尊敬。"[1]

巴尔比耶评论道，报纸甚至是荷兰的法语公报对该事件都只有简要报道。据他推测，这是受到了法国政府的胁迫，因为官员们害怕民众发动起义，支持爱德华。[2]但这一消息并未受到舆论控制影响，仍在口口相传，说"坏话"的人还是越来越多。接下来的几个星期，许多人都因此被抓。事件发生后的两个月里，关于王子被捕的详细报道以"传闻"和"谣言"的形式传播开来，整个巴黎一直充斥着流言蜚语。1749 年 2 月 12 日，官方宣布签定《亚琛和约》，就连生活在社会底层的平民百姓都开始对政府感到不满，他们不仅反对逮捕爱德华，还为和约的签订而感到羞耻。政府为庆祝和约的签订举办了盛大的庆典仪式，但是在典礼上，平民拒绝高呼"国王万岁"。据巴尔比耶记载："普通民众非常渴望和平，因为如果战争持续下去，政府会采取何种措施来维持战争的开支将不得而知。但是，他们对这样的和约并不满意。据说，菜市场的妇女吵架时，她们会说对方'像和约一样愚蠢'。老百姓有自己的思考方式。穷途末路的爱德华王子的不幸命运使他们感到不快。"[3]

普通民众找了很多方法来表达自己的不满。达让松侯爵曾说，民

---

[1]　参见 Edmond-Jean-François Barbier, *Chronique de la Régence et du règne de Louis XV (1718–1763), ou Journal de Barbier, avocat au Parlement de Paris* (Paris, 1858), IV, p.331. 对这次逮捕行动的描述，是整本日记中篇幅最长的部分，从第 329 页到第 335 页。

[2]　参见 Barbier, *Chronique*, IV, pp.335，330。

[3]　参见 Barbier, *Chronique,* IV, p.350。

众拒绝在条约庆典上跳舞，还把音乐家赶走了。[1] 为了观看烟花表演，他们挤进格列夫广场（Place de la Grève），但因为人数太多场面失控，可能有十几甚至更多的人被踩死。[2] 这场灾难被传为上天的警示，此类看法也随着谣言和坏话的流传而散布开来。达让松写道："所有的不幸，所有的灾祸，都应该归咎于政府。在庆祝和平的日子里，发生在格列夫广场的流血事件，都是政府当局造成的，他们没能管理好社会秩序，典礼的前期准备也不周全……有些人竟然像异教徒那样沉迷于迷信和占卜。他们说：'以如此恐怖的方式庆祝和平，那它又预示着什么呢？'"[3]

其他媒体也在散布不满的情绪。有人模仿乔治二世发布公告时用的文书格式写了一张滑稽海报，将路易十五比作英国人的"狗腿子"，听命于乔治二世，把爱德华王子抓起来送到罗马教皇手中。[4] 还有一幅流行的版画，十分夸张地描绘了路易在外交事务中受到的羞辱：他被

---

[1] 参见 *Journal et mémoires du marquis d'Argenson*, ed. E.-J.-B. Rathery (Paris, 1862), V, p.392。巴尔比耶对此的描述虽然不太引人注目，但是也值得关注，请参见 Barbier, *Chronique*, IV, p.352。

[2] 参见 Barbier, *Chronique*, IV, p.351。达让松认为一共有两百人伤亡，参见 *Journal et mémoires du marquis d'Argenson*, IV, p.391。

[3] 参见 *Journal et mémoires du marquis d'Argenson*, IV, p.391。

[4] 参见 Charles Collé, *Journal et mémoires de Charles sur les hommes de lettres, les ouvrage dramatiques et les événements les plus mémorables du règne de Louis XV (1748-1772)*, ed. Honoré Bonhomme (Paris, 1868), I, p.32。有两首模仿性讽刺诗歌表达了相同的主题。第一首收藏在巴黎市历史图书馆（ms. 649, p.31），即"主题是王位觊觎者的海报"。第二首也在巴黎市历史图书馆（ms. 649, p.60），题目是"主题是爱德华王子的新海报"。这类诗歌经常出现在流行的印刷品、谣言传单（虚假或者滑稽好笑的新闻报道）或者滑稽海报上。但是，从歌曲集的内容上看，我们并不清楚它们在案件中是否也有类似用途。

绑住，短裤也被脱掉了，奥地利的玛丽亚·特蕾莎正在鞭打他的屁股，乔治在一旁命令道"狠狠地打！"，而荷兰人则叫嚣着"他要卖掉一切！"。[1] 这幅漫画表达的主旨和其他海报、传单是一样的，甚至与四年前一名警察密探上报的一些煽动性言论吻合。当时，一群在酒馆里喝酒打牌的工匠就战争问题发生了争执，其中一人不仅骂国王是个饭桶（jean-foutre），还补充说："你会看到的，你会看到的。匈牙利王后会用鞭子抽打路易十五，就像安妮女王对路易十四那样。"[2]

这场以诗歌、歌曲、版画、海报和口头交流等方式爆发的抗议活动始于 1748 年 12 月，1749 年 4 月 24 日莫勒帕失势后，它还持续了很久。在追查"莫勒帕先生被流放了"这首诗的过程中，警察发现有非常多人都心怀不满，他们针对的并不是莫勒帕事件，而是许多其他问题。虽然所有的文献资料都很零碎，但我们可以得出两个结论：相对于整体庞大的抗议文学而言，警察翻出的那些诗歌只是一小部分。同理，当时整个交流网络十分庞大，已经渗透到巴黎社会的各个角落，而"十四人事件"的信息传播网络只是其中一小部分。但关键问题依然存在：当时的人是如何理解这些诗歌的呢？

121

---

[1]　参见 *Journal et mémoires du marquis d'Argenson*, V, p.403。

[2]　参见 François Ravaisson, *Archives de la Bastille* (Paris, 1881), XV, pp.242–243。这份密探报告说明，普通人也会讨论外交事务。报告如此描述这群工匠："他们在圣丹尼斯街表哥的皇家布什尔（Cousin's Royal Bushel）院子后面喝啤酒、打牌时，谈到了战争和战争的起因。其中一人对其他人说，战争是由法国国王的失信造成的，他还说国王是个愚蠢的懦夫，因为红衣主教弗勒里（Cardinal Fleury）的干预，他便签署了《国事诏书》（*The Pragmatic Sanction*）。"这份《国事诏书》是神圣罗马帝国皇帝查理六世所要求的保证书，规定哈布斯堡家族的土地将由他的女儿玛丽亚·特蕾莎继承。

从很多方面来说，毫无疑问，我们无法知道大多数人是如何理解的。如果想要略微知晓他们对诗歌的接受程度，就需要查阅当时幸存下来的少数记载。有三则材料很有用，它们都提到了那些关于爱德华王子被绑架的诗，即"不幸的法国人啊，他们的命运多么悲惨"和"人们从前何等高傲啊，如今却如此卑躬屈膝"。夏尔·科莱既是一名歌唱家，也是一位剧作家，他一般只在日记中写下自己对戏剧的评论。提到政治时，他并不赞同民众的抗议活动。这些诗不仅与他的政治观点相悖，还伤害了他作为一个诗歌爱好者的职业情感。他写道："这个月流传的那些反对国王的诗歌，实在是太歹毒、太糟糕了。它们必定出自詹姆斯二世党人之手，这帮人太极端了，只可能是他们。他们如此过分地支持爱德华王子反对国王，可见，这些诗的作者只能是爱德华党中的某些神经病。我见过他们。这些作者既不是诗人，也没有写诗的癖好，想必只是一些非常庸俗的人。"[1]

律师巴尔比耶同样赞同王室的政策，并详细引述了这些诗，认为写诗者胆子很大，有力地表达了公众的强烈不满。[2] 即便是凡尔赛内部的知情者、对政府持批评态度的达让松侯爵，读到这些诗歌时也感到非常震惊，并同样认为这些诗歌的作者是詹姆斯党人。不过，他认为这个党派实际上代表了国内所有人的不满，说明公众的抗议越来越强烈了。他还称，虽然"不幸的法国人啊，他们的命运多么悲惨"长达

122

[1] 参见 Collé, *Journal et mémoires*, I, p.48。

[2] 参见 Barbier, *Chronique*, IV, p.340。

80多行，但他周边的每个人似乎都能背诵。他还列举了引用次数最多的那几行："今天，每个人都熟悉那首以'不幸的法国人啊'为开头诗歌，它有84行，每个人都在重复朗诵着其中一些重要句子，比如'国王拜倒在蓬巴杜夫人的石榴裙下'，'我们的眼泪和我们的鄙视'，'这里的所有人都非常卑鄙，不管是大臣还是情妇'，'无知和荒谬的大臣'，等等。"[1]

当然，对达让松侯爵来说，"每个人"可能仅指宫廷和首都的精英贵族。不过，有位18世纪80年代反王权小册子的作者回应了这位侯爵的观点，回顾路易十五的统治，他认为这些诗正是国王开始失去民心的征兆：

> 正是在那个可耻的时刻（爱德华王子被捕），对君主和他的情妇的厌恶情绪开始出现，这种不满一直到路易十五统治末期都没有停止增长……不满情绪第一次出现是在讽刺诗中，这些诗歌抨击了国王对爱德华王子所犯下的暴行。讽刺诗歌还将路易十五与那位伟大的受害者做了比较："枷锁束缚，他仍是国王，而王座之上，你又是谁？"诗歌的作者还用呼语对这个国家的人们说道："人们从前何等高傲啊，如今却如此卑躬屈膝／你不再给不幸的王子提供庇护所了。"

123   公众非常渴望得到这些作品，希望能够将之牢记于心，并互相交

---

[1] 参见 *Journal et mémoires du marquis d'Argenson*, V, p.372。

流。这说明读者已经接受了诗人的观点。蓬巴杜夫人也未能幸免于难。有人将她与阿涅丝·索雷尔做了比较，以此来羞辱她……为此，她下令要求官员采取最严厉的措施，找出这些小册子的作者、不法商贩和发行者。不久之后，巴士底狱便挤满了囚犯。[1]

[1]　参见 *Vie privée de Louis XV, ou Principaux événements, particularités et anecdotes de son règne* (London, 1781), pp.II, 301–302。同时也可以参见 *Les Fates de Louis XV, de ses ministres, maîtresses, généraux et autres notables personnages de son règne* (Villefranche, 1782), I, pp.333–340。

第十四章

诊　断

　　如果在当时留下的材料中努力寻找，我们也许可以发现更多时人　
对这些诗歌的反应和态度。但文献资料永远无法得出任何可与现代民
意调查研究相提并论的结论。从材料中获得的信息仍然只是一些传闻，
而且它们也必定来自精英之手。因此，我并不打算对相关信息做全方
位的梳理，而是准备详细地介绍一则案例，无论它多么特殊，其主要
关注点都是舆论和公众。

　　达让松侯爵的日记很难提供路易十五时期舆论环境的清晰描述。
的确，他的消息非常灵通。他在 1744 年 11 月至 1747 年 1 月期间担任
外交大臣，可以从内部了解凡尔赛宫。在以内部人士身份进行观察的
同时，他也密切关注着巴黎的事态发展，直到 1757 年去世。他在日记
中公开表达了自己的激进观点，这些观点也影响了他对各类事件的看
法。他写的《法国古今政府论》(*Considérations sur le gouvernement ancien et
présent de la France*) 在他去世后的 1764 年出版，书中指出，他十分赞成
一些哲学家的思想，特别是伏尔泰。事实上，他对路易十五和蓬巴杜

125

夫人都怀有敌意，因此，他才会认为 1748—1749 年的危机证实了孟德斯鸠不久前在《论法的精神》中发表的关于专制主义的观点。[1] 他也十分仇恨莫勒帕，认为他是个 "卑劣的廷臣"。[2] 此外，他的兄弟达让松伯爵担任战争大臣，仕途顺风顺水，但他却只能眼睁睁地看着自己的兄弟地位越来越高，因此心中充满了嫉妒和忧虑。身处权力边缘的他，只能寄希望于事态恶化，这样，他就有可能被召回权力中心，拯救局势。如此听来，他更像是一位末日预言家，而不是一位价值中立的时代记录者。

但是，考虑到达让松日记的特殊性，如果想要了解 1748 至 1749 年间政治精英每周获得的信息有哪些，它将会是一个非常有帮助的 "工具书"。更为严谨的说法是，它不仅记录事件，还记录了平民百姓对这些事件的看法。只要是在他看来能够反映公众情绪的信息，比如人们在市场上互相交换的意见，来自公共花园的小道消息，大街上传播的谣言、玩笑、歌曲、版画等等，他都不厌其烦地将它们记录下来。譬如，巴黎罗亚尔宫的花园里有一处言论聚集之地，人称 "克拉科夫之树"（tree of Cracow），这里的谈话最后也传到了达让松的耳朵里。[3] 在拒绝天主教圣事的争论当中，詹森派受到了不公正的待遇，从而引发了民众的示威游行运动。对这一事件，达让松日记也有所记载。[4] 此

---

[1] 参见 *Journal et mémoires du marquis d'Argenson*, V, p.410。

[2] Ibid., p.445.

[3] Ibid., p.450.

[4] Ibid., p.491.

外，当时的劳动民众中流传着这样的谣言：警察正在大街上拐骗小孩。他把这个传闻也记录了下来。总之，抓小孩的传言非常奇怪，还引发了大规模暴乱。据他听闻，有人声称国王因罪而身染重症，只有用灌满鲜血的浴池来浸泡身体才能治愈此病，因此国王下令四处抓人，许多无辜之人为此丧命。国王用血沐浴的故事让警察抓小孩的谣言变得更加可信，也更加令人怒不可遏。[1]

早在 1748 年 12 月，达让松就已经注意到一股针对政府的敌对浪潮，他认为爱德华的被捕和对《亚琛和约》的不满是根源。"歌谣、讽刺诗如雨后春笋般在各地出现……所有事情都令公众愤怒……在公共场合以及有教养的人群中，我都会偶尔听到一些令我震惊的言论，人们公开表达对政府的轻蔑和不满。爱德华王子被捕事件使这种不满情绪达到了顶峰。"[2]

1749 年 1 月，歌曲和诗句继续不断涌现。但一开始，人们觉得它们太过极端，因而并没有重视。和夏尔·科莱一样，达让松侯爵也认为詹姆斯二世党人是"背后元凶"。然而到了月底，他发现到处都有对政府怀有不满的人。2 月份出现了一些新诗句，其中一些非常暴力。如前所述，侯爵拒绝记录这些诗歌的文本。在《亚琛和约》公布之后，他注意到"人民已经开始有发动暴乱的倾向了"，其中大部分人将矛头直

126

[1]　*Journal et mémoires du marquis d'Argenson*,VI, pp.202–219。关于这段故事，请参见 Arlette Farge and Jacques Revel, *Logiques de la foule : L'Affaire des enlèvements d'enfants à Paris, 1750* (Paris, 1988)。

[2]　参见 *Journal et mémoires du marquis d'Argenson*, V, p.343。

指政府和蓬巴杜夫人，而不是国王本人。[1]然而，到了3月，路易再也
不能幸免，"歌曲、诗词、讽刺性的版画纷纷将批评矛头指向国王"。[2]

　　物价上涨，税收未能下降，并且据说国王为他的情妇花费了越
来越多的财富——整个春天，公众认为政府做的每一件事都是错的：
"非常不幸的是，政府现如今所做的任何事情都得不到公众的支持。"[3]
关于二十分之一税和高等法院开始抵制王权的消息传出后，达让松侯
爵注意到法国有重现投石党运动的迹象。他还发现，一些关于蓬巴杜
夫人的新歌以及添加到旧曲中的新词也陆续出现，其中一些煽动性
很强，以至于让他想起了那些"反马扎然文章"（Mazarinades），正
是这些文章引起了1648年的叛乱。[4]他称这些诗歌为"反普瓦松诗"
（Poissonades），意指它们嘲笑蓬巴杜的娘家姓。[5]达让松把这些"反
普瓦松诗"视为叛乱的苗头，甚至是有人企图谋害国王的信号。[6]詹
森主义争论的重现使局势在4月显得更加紧张。这时，达让松侯爵看
到了民众起义的真正苗头。[7]这简直就是投石党运动的"重演"，因
为高等法院似乎和一百年前一样，正在怂恿人们反对政府。但是，这
绝不是法国大革命，革命此时仍旧是不可想象的。侯爵并不支持高等

---

[1]　*Journal et mémoires du marquis d'Argenson*, V, p.393.

[2]　Ibid., p.402.

[3]　Ibid., p.393.

[4]　Ibid., p.404.

[5]　Ibid., p.406.

[6]　Ibid., p.411.

[7]　Ibid., p.410.

法院的法官。这些法官会因为二十分之一税而失去很多财富，因为该税种规定，法官们的财产将不再享有免税特权。但是，他们并没有直白地为自己的利益辩护，而是打着保护人民利益的旗号反对收缴二十分之一税，这种做法引起了非常严重的危机："在百姓眼中，高等法院认为自己有责任在此种情况下限定国家的利益。当高等法院声称这样做的目的是为了民众，而非为了一己之私时，它就会变得非常可怕。"[1]

　　现在回想起来，达让松侯爵的担心显得有些言过其实。今天的我们知道，巴黎高等法院在采取了一些象征性的抗议运动之后便认输了，对二十分之一税的抵制也转为对教士的抵制，而教士又通过某种方式将他们所受到的抵抗情绪淡化，最终化解了这场危机。但在接下来的四十年里，国家财政的结构性不稳定越来越严重。达让松意识到，这些因素的每种组合都将使国家在此阶段末期土崩瓦解，比如一场耗费巨大的战争所带来的沉重债务、政府改革派对所有土地所有者征收一种激进新税的计划、高等法院的反抗以及街头暴力。他还指出了一个非常关键的因素：公共舆论。虽然公共舆论并没有打破 1749 年的平衡局面，但是在 1787 至 1788 年，它将起决定性作用。

　　的确，达让松没有使用这个术语，但他所表达的含义与此相近。他曾写到"公众的情绪""对政府的普遍性和全国性的不满""不满

----

[1] *Journal et mémoires du marquis d'Argenson*, V, p.443. 1749 年 3 月，高等法院发起了抵制二十分之一税的抗议行动，可以参考达让松对此事的反应："这件事情发生后，一定会有一场平民暴动。因为就该事件来说，高等法院并不是在为自己的权利和傲慢的特权辩护，而是在为饱受贫困和重负的平民说话。"

的公众""人民的不满"和"民众的情绪和意见"。[1] 这些表述都代表着一种可以被感知的力量，都可以从凡尔赛宫的外部影响政策。他认为这种力量是"人民的"或"国家的"，但没有给出它的社会定义。尽管很模糊，但那些在宫廷内部主导政治的人不能忽视它，至少在危机期间不能。达让松注意到，在这个时刻，"舆论和公众发出的抗议声"由诗句和歌曲组成。[2] 公众的怨言与高等法院的反抗一样重要，因为和英国一样，政治也存在于正式机构之外的"政治国家"（political nation）中。[3] 和他同时代的许多人一样，达让松侯爵非常认真地审视英国这个国家，认为"有一股风正从英国吹来"。[4] 他注意到大臣们已经在根据公众的需要调整政策了。作为前任朝臣，他担心如果政策调整失败，将会导致社会矛盾的爆发："但是民众啊，民众！他们充满敌意，到处煽风点火，嘲笑要人，傲慢无礼，还有那些笃信宗教的人（极端天主教徒和反詹森主义者）和投石党人（可与 1648 年的叛乱者相提并论的煽动者）。如此仇恨宫廷和侯爵夫人的民众，还有什么事情做不出来！"[5]

---

[1]   *Journal et mémoires du marquis d'Argenson*, V, pp.450, 365, 443, 454. 最后一个引文并没有出现在 Rathery 的版本中，但在 1857 年的版本中可以找到，参见 *Mémoires et journal inédit du marquis d'Argenson* (Paris, 1857), III, p.382。

[2]   *Mémoires et journal inédit du marquis d'Argenson,* III, p.281. Rathery 的版本中也没有这个术语。

[3]   参见 John Brewer, *Party Ideology and Popular Politics at the Accession of George III* (Cambridge, 1976）。

[4]   *Journal et mémoires du marquis d'Argenson*, V, p.384.

[5]   Ibid., p. 444.

第十五章

公共舆论

与达让松日记相比，巴士底狱的档案、警察的文件以及巴黎和凡尔赛宫的日常生活观察者所写的日记和回忆录能让我们相对直接地了解公共舆论。它们几乎都提到了那场 1749 年吞噬了君主的、充满敌意的"诗歌浪潮"，但是，仍然没有任何一份文件能够完全直接地反映公共舆论。直接反映公共舆论的观点并不存在。即使在今天，那些被我们视为生活中的事实，或者说那些被认为能在政治和社会中发挥积极作用的公共舆论，其实都只是人们通过民意调查和新闻报道等方式间接了解到的。而且，民意调查者和新闻工作者经常会理解有误，或者说至少会有自相矛盾之处，和其他报道也会产生冲突，比如关于选举和消费者行为。[1] 只要思考一下现代职业人士的推理工作，我们就会发现，旧制度时期的警察在工作过程中表现得非常专业。我觉得令人

---

[1] 社会学和传播学专家就这一主题撰写了大量文献，《公共舆论季刊》(*Public Opinion Quarterly*) 会定期评论他们的观点（与此同时，公共舆论的定义也在不断更新，不曾休止且互相冲突）。我在 18 世纪的巴黎所发现的现象，在当代也有些同样的例子。

十分震惊的是，警方的档案提供了非常充足的信息。即使是那些在消失了二百五十多年的口头信息传播网中流传的六首诗歌，在警察档案的帮助下，人们仍能发现它们的踪迹。诚然，在那十四个人被逮捕之后，线索就中断了。这些人大都来自拉丁语区，还有些是学生、教士以及与大学有联系的法律职员。但相关证据表明，许多巴黎人同他们一样，都在演唱、背诵相同的诗歌。与此同时，在这十四个人的圈子以外，类似的诗歌还经由其他渠道在巴黎流传。此外，相关档案还证明，这些诗歌和流行的版画、报纸以及谣言表达的主题是一样的，所有这些材料在整个城市里广泛传播。这些诗歌有些出自宫廷才子之手，有的可能是咖啡馆的小道消息传播者或街头卖唱者的创作，有的诗歌甚至就是一种在酒馆和商店里流传的"嘈杂声"。所有这些都汇聚在交流网络中。它们的传播线路相互交叉，彼此分离，或成扇形散开，结成一个信息系统。这些线路如此密集，整个巴黎都被有关公共事务的新闻所包围。所以说，早在互联网出现之前，信息社会便已经存在。

通过传播网络跟踪信息流向是一回事，识别公共舆论则是另外一回事。现代社会的"公共舆论"被广告商、民调机构和政治家平衡与操纵，那么，我们能不能了解现代社会之前的公共舆论呢？一些历史学家对此信心满满。[1]但他们没有考虑到话语分析者的反对意见。话语分析者认为，在"公共舆论"这个词出现之前，不可能存在公共舆论。

---

[1]　一些历史研究著作认为，公共舆论在 18 世纪早期阶段扮演着非常重要的角色。参见 Daniel Mornet, *Les Origines intellectuelles de la Révolution française, 1715–1787* (Paris, 1933), p.I ；Michel Antoine, *Louis XV* (Paris, 1989), p.595 ；以及 Arlette Farge and Jacques Revel, *Logiques de la foule : L'Affaire des enlèvements d'enfants, Paris 1750* (Paris, 1988), p.131。

他们认为，没有这个词的"协助"，人们不仅不能思考它指代的社会事实，而且事实本身都是人们建构的。公共舆论的概念是 18 世纪下半叶的哲学家阐发的，没有它，法国人便缺少一个基本的概念来组织对国王的反抗，甚至无法弄清楚它的含义。[1]

　　我认为这个问题还有探讨的余地，尽管如果走向极端，它可能会引出唯名论。这个问题恰如其分地反映了大革命前夕法国政治中的一种新成分。一旦哲学家和政论家不再把公共舆论斥为喜怒无常的大众情绪，而是把它作为一个有权对公共事务做出判决的"法庭"，那么，政府就不得不认真对待它。杜尔哥（Turgot）、内克（Necker）、卡隆（Calonne）和布里耶纳（Brienne）等大臣，均聘请孔多塞（Condorcet）和莫雷莱（Morellet）这样的哲学家来动员公众支持他们的政策，甚至让他们为法令写序。如果形式过激，对公共舆论的呼吁甚至可能变成主张人民主权。马尔泽尔布（Malesherbes）就曾在 1788 年说过："去年被称为公众（public）的东西，如今都被称为国家（nation）了。"[2] 尽管哲学家们非常仰慕古希腊人，但他们并没有设想过粗野和混乱的公共领域。相反，他们想要的是"理性"，这是一种温和而有说服力的力

131

[1]　在我看来，基思·贝克对这个观点的阐述最令人信服，参见 Keith Michael Baker, *Inventing the French Revolution : Essays on French Political Culture in the Eighteenth Century* (Cambridge, 1990)，特别是其中的导论和第八章。同时，也可以参考 Mona Ozouf, "L'Opinion publique," in *The French Revolution and the Creation of Modern Political Culture*, vol. I: *The Political Culture of the Old Regime*, ed. Keith Michael Baker (New York, 1987), pp.419–434。

[2]　C. G. de Lamoignon de Malesherbes, *Mémoire sur la liberté de la press, reprinted in Malesherbes, Mémoires sur la librairie et sur la liberté de la press* (Geneva, 1969), p.370.

量，只要通过印刷文字，它便能对公民中的阅读者发挥效用。孔多塞
对这个观点的阐释非常有说服力。他构想了一种能够推动道德世界运
转的力量，这是一种智力行为，虽然无声无息、无法看见，但是从长
远来看，它能发挥不可抵挡的作用。它的运作方式与物理学领域的万
有引力相似。在《人类精神进步史表纲要》(*Esquisse d'un tableau historique
des progrès de l'esprit humain*, 1794 ）中，孔多塞把公共舆论确定为历史上第
八个时代的主导力量，这个时段正是他所处的时代，启蒙运动已经引
发了大革命。他这样说道："公共舆论已经形成，而且力量非常强大，
因为参与其中的人非常多。此外，公共舆论也充满了活力，因为即使
人们彼此间的距离非常遥远，但是决定公共舆论形成的某些动机能同
时对所有人的思想产生影响。于是我们见证了一个新'法庭'的诞生，
它不仅独立于一切人间势力，还拥护理性和正义。如若有人想在它的
眼皮底下有所隐藏，或者想逃离它的审判，那简直是痴心妄想。"[1]

　　孔多塞将自己的观点建立在文人、印刷术和公众这三个基本要素
132　之上，并在整体历史观的视野下考察它们。按照他的理解，历史最终
被归结为思想的演变。文人在探讨公共问题时，会提出许多互相冲突
的观点，这些观点形成文本后会被印刷出版。在阅读的过程中，民众
会权衡利弊，选出最受他们欢迎的观点。当然，民众的选择可能会出
错；但最终真理会占据上风，因为社会问题和数学问题一样，确实存

---

[1] 参见 J.-A.-N. Caritat, marquis de Condorcet, *Esquisse d'un tableau historique des progrès de l'esprit humain*, ed. O. H. Prior (Paris, 1933; orig. pub., 1794)，"第八个时代：从印刷术的发明下迄科学与哲学挣脱了权威束缚的时期"，第 117 页。

在真理。随着时间的流逝，在印刷术的帮助下，低级的论点肯定会被揭露，高级的论点肯定会获胜。因此，舆论充当了历史的推动力。理性是通过辩论实现的。或者更确切地说，只有在安静的书斋里，人们通过阅读和思考，理性才能以平和的方式实现，而咖啡馆里的喧哗声和大街小巷的嘈杂声对于理性来说毫无用处。

由公共舆论演变而来的各种各样的主题散见于 18 世纪 80 年代的文学作品中，有时，这些作品还记录了人们在咖啡馆和公共场所阅读和谈话的内容。因此，关于公共舆论的两种观点并存发展着：一种是哲学意义上的，它关注真理的传播；另一种是社会学意义上的，它关注在传播网络中流动的信息。在一些情况下，某个作者会在其作品中同时采纳这两种观点。最引人注目的例子是路易 - 塞巴斯蒂安·梅西耶（Louis-Sébastien Mercier），他是一位中产阶级作家，学识平庸，但对革命前巴黎的生活基调有着敏锐的观察力。他的例子充满内在张力，值得研究。

梅西耶所持观点与孔多塞一样，但其观点的表述方式类似新闻工作者，因而不具备孔多塞那些认识论导论、微积分概率和社会科学理论。比如，梅西埃对印刷术评论如下：

> 这是仁慈的上帝赐予人类的最美的礼物。它很快就会改变世界的面貌。印刷车间铅字盒的小格子里将涌现出伟大而宽容的思想，人类无法抵挡它们的降临。人类将不顾一切地接受这些思想，由此产生的效果已经十分明显了。印刷术诞生后不久，一切都开

133

始趋向完美，这是多么普遍而清晰可见的趋势啊。[1]

对于作家，他的观点则是：

　　作家的影响如此之大，以至于他们现在可以公开宣布自己的力量，而不再掩饰希望获得控制人们思想的合法权威。在公共利益和关于人的真正知识的基础上，他们将引导国家的意志。特殊的意志也掌握在他们手中。道德已成为善良心灵的主要研究对象……可以推测，这种普遍的趋势将产生一场幸福的革命。[2]

关于公共舆论，他评论道：

134

　　仅仅三十年，我们的思想就发生了一场伟大而重要的革命。在欧洲，公共舆论如今已经拥有占据绝对优势的力量，这是人们无法阻挡的。只要认识到启蒙的进步以及它将带来的变化，人们可以这样合理地期望，公共舆论将给世界带来最大的好处，各类暴君将在响彻和唤醒整个欧洲的普遍呼声面前颤抖。[3]

---

[1]　参考 Louis-Sébastien Mercier, *Mon Bonnet de nuit* (Lausanne, 1788), I, p.72。梅西耶在其他出版作品中重复了关于印刷术、作家和公共舆论的观点，尤其是 *Tableau de Paris* (Amsterdam, 1782–1788) 和 *De la Littérature et des littérateaurs* (Yverdon, 1778)。

[2]　参见 Mercier, *Tableau de Paris*, IV, p.260。

[3]　Mercier, *Tableau de Paris*, IV, pp.258–259.

在分享这些哲学思想时，梅西耶拥有一些孔多塞所缺少的东西。作为一名记者，他能敏锐地意识到周围即将发生的事情。他收集了有关公共事务的谈话记录，包括市场里的评论、咖啡馆里的讨论、公共花园中的闲谈、流行歌曲的片段、剧院后排以及街头轻喜剧舞台上的实时评论。在梅西耶的作品中，这些内容随处可见，尤其是在《巴黎图景》（*Tableau de Paris*）和《我的睡帽》（*Mon Bonnet de nuit*）中，这两本书就是他的剪贴簿汇编。他把所有给他留下深刻印象的东西拼凑在一起，并按照"免费的景观"（Free spectacles）、"主人对马车夫的言语"（The Language of the master to the coachman）、"圣日耳曼博览会"（The Saint-Germain Fair）、"林荫大道上的壮观场面"（Spectacles on the boulevards）、"双关语"（Puns）、"严肃的演说者"（Sacred orators）、"公共代言人"（Public scriveners）、"咖啡馆"（Café）、"来自无辜藏身馆的作者"（Writers from the Charniers-Innocents）、"歌曲、杂舞剧"（Songs, vaudevilles）、"消息传递者"（Newsmongers）、"公共歌手"（Public singers）、"广告"（Placards）、"张贴广告者"（Bill-stickers）、"灯笼"（Lanterns）、"淫乱印刷品"（Licentious prints）、"报纸传单"（News sheets）、"诽谤"（Libels）、"阴谋集团"（Cabals）、"歌舞表演夜总会"（Shady cabarets）、"林荫大道舞台"（Boulevard stages）、"韵律"（Rhymes）和"书籍"（Books）等标题，将它们分成章节。阅读这些文章，人们就能亲身体会到"公众"和"舆论"，但是这和梅西耶在同一本书中提到的"公共舆论"相去甚远，"公共舆论"才是被梅西耶视为推动启蒙运动进步的元素。

135　　　然而，梅西耶的作品绝不能按照其字面意思来理解，因为它们并没有如实记载巴黎人在街头小巷传递的消息。相反，梅西耶的文章和谈话经常会针对自己感兴趣的话题发表看法，比如马车夫的鲁莽和人们对双关语的喜好。尽管如此，他的作品还是向我们展示了人们说话的语气、背景、主题，以及快速转换话题的方式。比如，在公共花园等民众集会场所，人们讨论的话题经常在变。在这些场所，群体不断形成，又不断解散，来到这里的陌生人也可以毫不犹豫地与别人一起讨论时事。梅西耶专门为这类讨论写了两部长篇小说：《巴黎罗亚尔宫的谈话》（ *Les Entretiens du Palais-Royal de Paris*, 1786 ）和《巴黎杜乐丽花园的谈话》（ *Les Entretiens du Jardin des Tuileries de Paris*, 1788 ）。第二本书描述了许多十分生动的画面，比如互相搭讪的陌生人就某些最新的事件进行交流，以及聚集在演讲者周围的民众不时有人离开有人加入，而站在中间的演讲者则力求让自己的声音从"无休止的喧闹声"（ endless brouhaha ）中脱颖而出：

　　　　在公共事务出现危机期间，法国虽然没有出现像英国那样的议会请愿运动，但必须承认，（在法国）全体民众组成了一个下议院，在这里，每个人都根据自己的情绪或偏见发表意见。即使是工匠也希望对国家事务有发言权；尽管他的观点并不足取，但他在家人面前发表意见，仿佛自己有做出判断的权力。[1]

---

[1]　参考 Louis-Sébastien Mercier, *Les Entretiens du jardin des Tuileries de Paris* (Paris, 1788), pp.3-4。

梅西耶注意到的正是公共舆论，它正从街巷中形成，无论多么不完善、不准确。这是社会学意义上的公共舆论，它与梅西耶在作品中四处颂扬的哲学意义上的真理提炼过程毫无共同之处。在街头相遇时，"公众先生"（Monsieur le Public）一点也不像理性的化身：

公众先生

这是一种难以定义的混合物。如果要呈现它的真实特点，画家会把它的脸画成某个名人的样子，同时留着[农民的]长发，穿着[绅士的]花边外套，头戴[教士的]无边便帽，腰上系着[贵族的]剑，肩上披着[工人的]短披风，脚上穿着[大贵族的]红色高跟鞋，手里拿着[医生的]手杖，身上佩戴着[官员的]肩章，左侧纽扣孔上有一个十字架，右臂上系着一个[僧侣的]头巾。你会觉得，就像他的穿着一样，这位先生的理性也一定非常棒。[1]

在描述了这个"奇怪的生物"之后，梅西耶好像陷入矛盾之中，他突然停了下来，然后援引了哲学意义上的公共舆论："然而，除了在理解之前便冲动做出判断的公众之外，还有另外一个公众。各个观点之间会有分歧，但是人们也会从中得出自己的判断，这便是真理的声音，它不会被抹杀。"[2]

---

[1]　参见 Mercier, *Tableau de Paris*, VI, p.268。

[2]　参见 Mercier, *Tableau de Paris*, VI, p.269。

梅西耶的例子表明，1789 年之前的文学作品中盛行着两种关于公共舆论的观点。一种观点认为，公共舆论是一个哲学过程，它致力于改善人类的生活。另一种则认为，它是一种社会现象，与时事"纠缠"在一起，密不可分。两种观点都能令人信服，也都能自圆其说。但是，它们能合二为一吗？在 1787—1788 年的前革命危机中，这个问题变得十分紧迫，因为旧制度的命运就取决于公共舆论的争斗。当时的舆论环境有一条清晰的分界线，一侧是政府，官员们试图团结公共舆论，号召人民支持卡隆和布里耶纳的改革，以此来解救处于破产边缘的政府；另一侧则是显贵会议（Assembly of Notables）和高等法院，它们呼吁施行大臣专制（ministerial despotism），鼓动民众请愿，从而推动三级会议（Estates General）的召开。

这时，孔多塞加入了论战。他的经历值得重新梳理一遍，因为这有利于说明一个研究哲学意义上的公共舆论的人遇到街头风波时会采取何种举措。孔多塞试图动员人们支持政府。他从美国人的视角写了一系列小册子——他对美国很感兴趣，曾被授予纽黑文的荣誉市民身份，还是富兰克林和杰斐逊的朋友——将专制主义的危险归因于高等法院。他抨击他们是贵族团体，认为他们只知道捍卫自己的税收特权，还妄图主导从危机中诞生的新政治秩序。孔多塞认为，只要号召人民支持政府，尤其是布里耶纳内阁，公众就可以保护自己免受贵族的统治。这样做可以帮助开明的大臣们实行渐进的、美国式的改革，特别是省议会（provincial assemblies）强烈主张的平等税收体制，在这个体制下，所有的土地所有者都可以参与对公共问题的合理决议。[1]

尽管孔多塞站在"美国公民"和"纽黑文有产者"的立场上颇引争议，但他并没有以潘恩（Tom Paine）的方式写小册子。他继续在哲学层面上提出观点，甚至引用了《论将"分析"应用于多数投票决策的可能性》（*Essai sur l'application de l'analyse à la probabilité des décision rendues à la pluralité des voix*, 1785）中抽象的数学观点。他合理地证明了保护公众利益的方式：支持政府和反对高等法院。许多历史学家会同意他的观点，但大多数同时代人却不赞成。他们的通信、日记、回忆录和小册子等都显示出对政府的强烈不满，这种敌意不仅表现在梅西耶描述的那种闲谈中，而且还表现在街头的示威活动和暴力行为中。修道院院长莫雷莱是孔多塞的朋友，他赞成孔多塞的观点，并在写给英格兰的谢尔本勋爵（Lord Shelburne）的一系列信件中描述了 1787 至 1788 年发生的事件。然而，在布里耶纳内阁垮台和三级会议召开之后，他又遗憾地写道："不可否认，在法国，正是公共舆论的力量战胜了

[1]　参见孔多塞侯爵（J.-A.-N. Caritat, marquis de Condorcet），《一位纽黑文有产者给某个弗吉尼亚公民的信，论证在几个机构之间分配权力是毫无益处的事情》（"Lettres d'un bourgeois de New-Haven à un citoyen de Virginie sur l'inutilité de partager le pouvoir législatif entre plusieurs corps"，1787），《一位美国公民就时事问题给法国人写的信》（"Lettres d'un citoyen des Etats-Unis à un Français, sur les affaires présentes"，1788），《关于专制主义的观点，供那些未曾听说过该词的人在谈论它时使用》（"Idée sur le despotism, à l'usage de ceux qui prononcent ce mot sans l'entendre"，1789），《某位共和主义者对省议会和三级会议的认知》（"Sentiments d'un républicain sur les assemblées provincials et les Etats Généraux"，1789）。这些文章都收录在《孔多塞文集》中，参见 *Oeuvres de Condorcet*, eds. A. Condorcet O'Connor and M. F. Arago (Paris, 1847), vol. 9。

政府。"[1]

到底是哪一种"公共舆论"呢？不是理性的声音，也不是像莫雷莱和孔多塞所推崇的遥不可及的哲学概念，而是社会混血儿的绝对命令，是梅西耶所说的"公众先生"。现在，它看起来就像是一个新的利维坦（Leviathan）。孔多塞试图驯服它。但当他走上公共舞台，试图为自己的事业争取支持时，他发现公众并不听从他。公共舆论已经走向了错误的道路。1793 年，他再次惨遭失败。然而，失败并没有让他失去信念，他仍然相信真理最终会取得胜利。相反，即便在恐怖统治的鼎盛时期，人们呼喊着杀掉孔多塞，他仍把有关公共舆论的观念纳入了他的进步理论，并将之视为核心观点。

大街上的舆论和哲学家的观点一样吗？我对此表示怀疑。小册子作家获得成功的方式是要求君主接受公众的审讯。演说家为了寻求合法性假称自己代表的是公众之声。革命家则举办爱国节日赞颂公共舆论，以此向街头的百姓宣扬抽象概念。但哲学理想与社会现实从来没有吻合过。早在哲学家们写出关于公共舆论的论文之前，"公众先生"就已经存在了，而且直到今天依然存在，无论那些试图对它进行评估的民意调查是否取得成功，它并非一成不变。18 世纪的巴黎，旧制度下特有的公共社会已经形成，而且民众也开始对事件发表自己的看法。

---

[1] 参见莫雷莱于 1788 年 9 月 28 日写给谢尔本勋爵的信，该文件现收藏在《莫雷莱修道院院长的信件》中，参见 Edmund Fitzmaurice, ed., *Lettres de l'abbé Morellet* (Paris, 1898), p.26。我的意思并不是说公共舆论始终一致。当莫雷莱写下这些信件时，公共舆论已经将矛头指向了巴黎高等法院，因为高等法院建议三级会议应当按照 1614 年的方式召开，这也就意味着为了保护贵族和教士的利益，必须牺牲平民。

公共舆论并不是哲学家们想象的那种抽象概念，而是一股来自街头的力量，在十四人事件发生时，它就已经非常显眼了。而四十年后，变得更加势不可挡的"公众先生"将眼前的一切都扫除干净，包括哲学家，丝毫没有顾及他们为建立公共舆论而做出的各式努力。

结　论

　　在十四人事件和攻占巴士底狱之间，有太多的事件、影响、起因、意外和危机介入，故而，将这两件事联系起来是毫无益处的。十四人事件本身就值得研究，但不应认为它是未来事件的征兆，而应将它视为某种难得一见的机会，如果充分发掘，决定事件进展的根本因素将会显现。无论是1749年还是1789年，这些事件都没有对当时民众的意识造成直接影响，它们仿佛是不言而喻、自成一体的信息粒子，或者可以将之非正式地称为"无可否认的事实"（hard facts）。由态度、价值观和风俗习惯构成的精神状态在事件发生之前便早已存在，人们会在此基础上理解当时发生的事件。同时，与事件相关的信息在传播过程中会经历筛选，当其他语境中的读者和听众接收到时，该事件早已被赋予了新的色彩。在其他表达形式中，信息被改编为八音节民谣、古典颂歌、饮酒歌、圣诞颂歌，以及带有叠句的人们耳熟能详的曲调，那些叠句还重复了更早的歌词，并向听众透露出诗歌讽刺的对象，比如：

141   啊！是他，啊！是他，

               他什么也不关心。

　　口头传递的消息会导致集体记忆的形成，其中便包括由上述歌曲
所塑造的路易十五的形象，由此，"懒王"（rois fainéants）的神话便
会永久地流传下去。在这个传说中，路易十五是个黯淡无光、懦弱无
能的国王，周围还有一群颓废的廷臣、腐败的官员和带着鱼市气味的
情妇。这些关于国王的描述，巴黎人无意中就能够听到。"比里比，
以野蛮人的方式，我的朋友"（Biribi, à la façon de Barbari, mon ami）
是人们熟悉的叠句，如果在合适的环境下演唱，人们就会知道它在强
调征收高额赋税的不公正（就如当时的人所理解的那样），因为执行
这种税收政策的目的是应付战争支出，一旦战争结束，税收也就没有
必要了。

　　从消失了两百多年的口头消息传播网中获取信息，对于拥有电视
和智能手机的现代读者而言也许可行性存疑。然而，本书的目的恰恰
是为了证明此法可行，甚至更进一步，借此大致了解当时传递消息的
声音是什么样的。作为一名历史学家，应当如何做，才能证明自己捕
捉到了人们在遥远的过去所发出的声音呢？我认为，基本的方案是像
142 侦探一样工作。在我研究十四人事件之前，书籍贸易检察官戴梅里、
专员罗切布鲁恩以及他们的同事已经对该事件做过大量研究，他们都
是能力超强的侦探，知道如何从咖啡馆中收集诗歌，如何在巴黎街头
追寻歌曲的下落，甚至可以从巴黎上百名诗人中辨认出少数几个极具

才华且能写出亚历山大体诗歌的人。[1] 凡是"光顾"过 18 世纪警察档案的人，都会对他们的专业性产生敬意。

历史研究在许多方面类似侦探工作。从柯林武德（R. G. Collingwood）到卡洛·金茨堡（Carlo Ginzburg），理论家们都认为这一类比令人信服，不是因为该观点把历史学家塑造成具有吸引力的侦探，而是因为历史研究与寻找真相——以小写字母开头的"真相"（truth）——相关。[2] 侦探们的目的不是读懂嫌疑人的心思，也不是靠直觉破案，他们是凭借经验和解释方法开展工作的。他们会解释案件的情节，追踪线索，还原案件过程，直到得出自己的结论，通常也是陪审团的结论。按照我的理解，历史学也是从证据中建立自己的观点，就此而言，两者的研究过程是类似的。于十四人事件而言，历史学家便可以跟随警方提供的线索进行研究。

巴黎警方在调查十四人事件时得出的结论是正确的。亚历克西·杜加斯确实把雅克·马利·阿莱尔给他的一首诗抄了下来，内容与莫勒帕的流放有关，交换的地点也确实是阿莱尔在圣丹尼斯路的住所。而那首与爱德华王子有关的诗歌，皮埃尔·西格涅的确在课堂上当着学生的面背诵了它，其中也的确有一个叫克里斯托夫·居亚尔的学生把这首诗写了下来，并放在了狄德罗的《盲人书简》中，还将两者一起寄给了阿莱尔。路易·费利克斯·德·鲍桑库特则收到了"一个娼妓　　143

---

[1]　参见 Robert Darnton, "A Police Inspector Sorts His Files," in Darnton, *The Great Cat Massacre and Other Episodes in French Cultural History* (New York, 1984), pp.145–189。

[2]　参见 R. G. Collingwood, *The Idea of History* (Oxford, 1946)；Carlo Ginzburg, *Clues, Myths, and the Historical Method* (Baltimore, 1989)。

的私生子"，以及另外两首来自三个不同源头的诗，并将其中两首诗
传给了阿莱尔。这些诗的传播路径和节点都被精确地找到了。信息传
播系统确实按照警方描述的方式运行。

就信息传递的方式而言，上述观点是正确的，但还不完备，因为
历史研究与警方调查不同，它还要探究十四人事件的重大意义。为了研
究这些问题，我们必须理解警察对该事件的解释，也就是说我们正在尝
试做一份间接的侦探工作。为什么警方要进行如此细致的调查？十四人
事件与周围的环境有什么关系？这些歌曲和诗句传达了什么信息，又是
如何在民众中引起共鸣的？这些问题也导致了其他材料的出现，比如政
府档案、信件、回忆录、歌曲集和音乐文献。该案件最复杂的地方是对
意义的解释，同时这也涉及一个关键问题：二百五十年前的人唱歌时
所表达的意思，今天的我们怎样才能了解呢？或者说，当时的人在听了
某首歌后是怎么理解的呢？与这些复杂问题相关的文献，都是由补充材
料提供的。

由于年代太久远，要做出解释确实十分困难，但也不是不可能。
因为行动的意义，就和行动本身一样，是可以通过侦查工作来恢复的。
一首歌的歌词确实不会传达出始终如一且不掺杂任何其他来源的信息，
相比之下，政治小册子表达的信息与它差不多，甚至要更丰富。正如
昆汀·斯金纳（Quentin Skinner）所言，小册子的文本是对其他小册
子或对特定环境下提出问题的回应，它们的意义则蕴含在其传播语境
中。[1]1749—1750 年的歌曲和诗歌由于它们在特定时间和地点的演唱或

144

---

[1] 参见 Skinner's essays in chs. 2–6 of *Meaning and Context : Quentin Skinner and His Critics*, ed.
James Tully (Princeton, 1988)。

宣讲而具有意义。幸运的是，巴黎警方在调查时也将这些背景因素考虑在内，其他方面的证据也证实了警方的推断。巴黎人对战争、和约、经济现状以及权力的滥用（比如残忍地驱逐爱德华王子），都感到十分不满。在谈话、唱歌、写诗的过程中，他们无一不在表达自己的愤怒。除了普遍的不满情绪，这些诗歌还承载了可以从多个角度理解的丰富信息，比如策划有利于巩固达让松派在宫廷中的地位的阴谋，抵制二十分之一税，哀叹《亚琛和约》对民族自豪感的损害，嘲讽以市长贝尔纳热为代表的巴黎权力机关，以及那些想在同辈中崭露头角的歌唱家和段子手在艺术方面的精湛技艺。十四人事件中的一些人，在互相传递诗歌的过程中，对其中的美学和政治问题都十分感兴趣。

与其他具有象征意义的表达方式一样，这些诗也有多重含义。在传播过程中，它们的丰富含义对不同的人来说意义完全不同。因此，如果只对它们做出一种解释，就会误解其特性。当然，它们的多重含义都没有超出当时的理解方式。如果从更大的历史视野来观察，我们会发现有一种显然应该存在的解释的缺席，即 1749 至 1750 年的巴黎人并没有表现出愤怒和疏离感，也没有采取极端措施的打算，"民众的吵嚷"（bruits pubilcs）也没有大规模地出现，全然不似 1787 到 1789 年巴黎大街小巷的氛围。可见，十四人事件中的人物并没有流露出革命意识萌芽的征兆。

提及 1789 年是有益的，不是为了建立线性的因果联系，而是为了界定社会背景。18 世纪中叶，巴黎还没有做好革命的准备。但这里已经形成了一个有效的通信系统，它能将发生的事件告知公众，并提供与事件有关的实时评论。信息交流更有利于公共领域的形成，因为传递和接受信息的行为培养了人们参与公共事务的共同意识。十四人事件则提供了一个仔细研究这一过程的机会。该事件揭示了那个时代信息社会的运作方式，信息通过口耳相传和承载的诗歌在普通百姓中扩散，不仅十分有效，而且早在互联网出现之前便已存在。

附录一

十四人事件涉及的乐曲及诗歌

1."黑色狂怒的怪物"

这首诗的文本没有被找到。警察总监贝里耶在调查报告中将该诗与警察找到的其他诗歌做了区分，并认为它的作者就是警察们最初想要逮捕的人。一份藏于阿森纳图书馆（ms. 11690, folio 120）的文件写道："自 4 月 24 日以来，一首反对国王的诗歌流传开来，它以'莫勒帕先生被流放了'为标题，一共有 14 节。"和其他诗歌一样，警察通常用首行诗文来鉴别它。因此，另外一份警察报告（ms. 11690, folio 151）中称其为"'黑色狂怒的怪物'或者关于莫勒帕被流放的诗歌"。

2."不幸的法国人啊，他们的命运多么悲惨"

在一些歌曲集和其他材料中，这首诗歌均有出现，而且内容也没

148　有多大变化，例如可以参照巴黎市历史图书馆（ms. 649, pp.13–15）中收录的版本。本书引用的版本来自《路易十五的私生活，以及其统治时期的主要事件、特点和轶事》（*Vie privée de Louis XV, ou Principaux événements, particularites et anecdotes de son règne*, Paris, 1781, II, pp.372–374），其中还有些笔记。参照《路易十五的私生活》和其他材料中的文本，我用现代法语改写了这首诗，其内容如下。[1]

不幸的法国人啊，他们的命运多么悲惨！

在和平的怀抱中，人们能减少痛苦的感觉！

在惊慌失措之余，人们感到更加幸福和伟大，

法国人抛洒热血，却从未流泪。

149　人们不再夸耀安宁的魅力：

人们更加热衷于经历新的冒险，

胜者光荣，败者亦不无耻，

人们不会再留下懦弱可耻的眼泪。

逃亡者爱德华[2] 留在了我们的心里。

取得的胜利令我们绝望无比。

获得胜利对我们而言有什么用呢？

---

[1]　附录部分诗歌，原书仅以法文呈现，为方便阅读，本书均已译为中文，不再附原文。——编者注。

[2]　爱德华是詹姆斯二世的小儿子。詹姆斯二世是英格兰国王，被他的女婿奥兰治亲王废除了王位。

如果少一些桂冠，我们会多一些荣耀。

被迫屈服于强者的法则，

至少我们能够将此归咎于命运。

然而，明明可以为之战斗，我们却背叛了爱德华！

把亨利四世的血脉献祭给了布伦瑞克 [1]！

还要忍受失败者乔治的残酷法律！

哦，法国人啊！哦，路易啊！哦，国王的保护者啊！

我们拥有这虚妄的头衔，难道只是为了背叛他们吗？

只要背叛他们，我们就能成为他们的主宰吗？

一位自称拥戴英雄的国王，

应该助这位英雄登上王位，或者同他一起倒台。

历史上受到颂扬的君主如此认为，

那些享有荣耀的人也如此认为。

那些有名的国王又会怎么评价我们？

如果他们能预见一个比自己更强大的国王，

呼唤英雄来拯救法国，

与他订立最神圣的契约，

这将使他无力面对最可怕的危险，

并暴露在大海、四季和火星的怒火面前！

把软弱和虚假的誓言统一起来，

---

[1]　布伦瑞克指的是布伦瑞克·奥兰治的乔治（大不列颠的乔治二世）。

他将忘记誓言，忘记荣耀，忘记等级，忘记本性。

并为布伦瑞克的残酷制度服务。

用铁链把英雄拖到祭坛上！

布伦瑞克，你一定要为难伟大的受害者吗？

苍天啊，快投下熊熊烈火吧；大地啊，快打开地狱之门吧！

什么，比隆[1]，是国王命令你这么做的吗？

爱德华，你是被执法人员包围了吗？

爱德华，您配得上"亨利之子"的称号吗？

我想是的。从您遭遇的不幸中，我可能已经认出你了。

但我更能从你的美德中认出你。

路易！你的臣民已痛不欲生，

他们敬重爱德华，虽然他既失自由，也无皇冠；

枷锁束缚，他仍是国王，而王座之上，你又是谁？

我看见国王已经拜倒在蓬巴杜的石榴裙下了！[2]

但是他会因为爱情而重新振作吗？

美丽的阿涅丝，你竟已不在人世！那傲慢的英国人又来侵略

150

我们。

而路易却躺在可耻的蓬巴杜的怀里睡觉，

---

[1] 比隆是法国卫队的上校（逮捕爱德华王子的卫队指挥官）。

[2] 蓬巴杜夫人不仅是普瓦松的女儿，还是诺尔芒·德·埃蒂奥勒的妻子和路易十五的
情妇。

还被这个低贱的女人迷得神魂颠倒，不知羞愧，

躺在她怀里，无视我们的眼泪和鄙视

美丽的阿涅丝，你竟已不在人世！你的高贵和温柔

会让那位懦弱无能的国王无地自容。

你或许能够拯救可怜的爱德华

只要你为这个勇敢的斯图亚特王朝继承人提供爱情。

哎呀！为了模仿你，他应该有高贵的身份。

这里的所有人都是卑鄙的，不论大臣或情妇：

所有人都对路易说他应像真正的国王一样行动；

法律应当考虑法国人的幸福！

这是他们背信弃义又蛮不讲理的话语；

那里是奉承，这里是狡辩：

我们能够凭借令人羞耻的行为实现幸福吗？

民族因个人的可耻行径而变弱。

罗马经历了数百次失败，因而变得更加骄傲，

她最大的不幸使她更加骄傲。

因此罗马能够征服世界。

但是你，懦弱的大臣 [1]，不仅无知还很阴险，

你背叛了祖国，并使国家蒙羞：

你折磨了一个全世界都爱戴的英雄。

---

[1]　此处的大臣指的是战争大臣达让松。

151

有人说布伦瑞克向你传达了他的愤怒之情；

那位大臣在担心他合理正当的恐惧

仅仅爱德华的名字就使他害怕，令他不适，

但是请记住这种仇恨将导致的结果：

阿尔比恩^[1] 最终会承认爱德华才是他们的国王，

因为他高尚的品德值得把法律交付。

法律助他登上王位，为这位伟人提供避难所，

他同时被法国和罗马背叛；

不久，法国人开始颤抖，开始蒙羞，

一个新的爱德华即将到来，亲吻他们的脚尖。

这便是一棵不吉利的油橄榄树的悲惨果实

也是我们徒劳的荣耀所带来的不幸遗物！ ^[2]

3. "人们从前何等高傲啊，如今却如此卑躬屈膝"

这首诗也引自《路易十五的私生活》(*Vie privée de Louis XV*, II, pp.374–375)，里面还有一些附注。许多歌曲集中也有该诗的踪影，比如巴黎市历史图书馆（ms. 649, p.16）中的一部歌曲集便有记录：

---

[1]　即英格兰。

[2]　需要注意的是，这个预言没有发生。爱德华王子被赎回罗马，失去了所有重登王位的希望。

人们从前何等高傲啊，如今却如此卑躬屈膝，[1]

你们不再给不幸的王子提供庇护所了。

在丰特努瓦的田间，敌人已经被你们打败，

然而敌人却强迫你们服从他们的法律；

阿拉贡 [2] 为你们谋得的这份和平，实在太侮辱人了，

对他们来说，这是胜利，但对你们而言，这是羞辱。

哎呀！你们冒着如此大的风险

就是为了将一个女人 [3] 扶上恺撒的宝座；　　　　　152

为了让幸福的英格兰人统治海洋

就把新世界的所有黄金用车送到他们的港口；

还有被你们称为斯图亚特儿子的爱德华，

因为害怕布伦瑞克，便懦弱地牺牲了他！

你 [4]，你的奉承者用名不副实的头衔拍你的马屁，

你在这一天成了欧洲的仲裁者吗？

此时，在你的国家，你竟不能保护一位英雄

命运从来就没有放弃对这位英雄的折磨；

但是，一个在动荡生活中忍受恐惧的人，

---

[1]　该句中的"人们"指法国人。

[2]　这是全权代表（Plénipotentiaire）圣塞弗林达拉贡（Saint-Séverin d'Arragon）的名字。（译者按：原文疑有误，Saint-Séverin d'Arragon 应为 Saint-Séverin d'Arrgon，中译名为阿拉贡［1705—1795］，外交官，1735 年被路易十五任命为驻瑞典大使和全权公使。）

[3]　即匈牙利的女王。

[4]　此处的"你"是指路易十五，他被称为维护欧洲和平的人。

一个因其损失而使英格兰人感到激愤的人，

一个被自己人抛弃，颠沛流离，付出惨重代价的人，

他至少要比生活在巴黎更自由；

国王间的友爱，是值得铭记的例子，

他们间的利益，是不幸的受害者。

亲爱的王子，虽身处锁链之中，但您胜利了；

如今，所有人的目光都注视着您。

别担心，一个能分辨善恶且宽宏大量的人，

将废除放逐您的法令。

您的不幸已经改变了充满偏见的精神；

在英格兰人心中，所有人都认可您的权利。

这些权利比您出生时更加讨喜，更加稳定，

这些权利将使您的力量成倍增加。

但是亲爱的王子，坐上王位后，请一定记住，

那些骄傲且猜忌信仰的人们

从未获得过伟人的称号

那是自满且懦弱的法国人和罗马人。

4. "一个娼妓的私生子"

这首歌经历了不同版本的演变，因此没有一个版本能够完整地
展示出它的内容。此处引用的版本来自巴黎市历史图书馆（ms. 580,

folios 248–249），日期是 1747 年 10 月。这个版本是早期诗歌的范本，后来还被一部歌曲集抄录其中。在该文件左侧的空白处，还留有大量的笔记。

	I.
这部分与埃蒂奥勒夫人相关。她是普瓦松先生的女儿，她的母亲普瓦松夫人是诺尔芒先生的情妇。她曾嫁给埃蒂奥勒先生为妻。埃蒂奥勒先生不仅是转租土地的人，还是诺尔芒先生的外甥。后来，埃蒂奥勒夫人成为路易十五的情妇，也就是蓬巴杜夫人，而她的丈夫埃蒂奥勒依然是一个普通平民。	一个娼妓的私生子 竟然能在宫廷青云直上， 在爱情和美酒中， 路易轻易地获得了荣耀。 啊！是他，啊！是他， 他什么也不关心。

	II.
本节与王太子先生（M. le Dauphin）相关，他是路易十五的儿子。	肥胖的王太子殿下 竟然和他看起来一样愚蠢， 这个国家应该感到害怕 未来就画在他的脸上。 啊！是他，等等［叠句省略，后同］。

	III.
本节谈论的是旺迪埃先生（M. de Vandières），他是埃蒂奥勒夫人的兄弟，埃蒂奥勒夫人即蓬巴杜侯爵夫人。旺迪埃被任命为国王的建筑总管，并以此为生，这个职位此前为勒·诺尔芒·德·图尔纳姆先生（M. le Normand de Tournehem）所有。图尔纳姆是旺迪埃的叔叔，死于 1752 年。	爱慕虚荣的光泽令人眼花缭乱， 普瓦松的行为举止像个花花公子， 他竟然认为在宫廷中 一个自命不凡的人很难被重视。

IV.

该节讨论的是萨克森元帅，他于 1751 年
在尚博尔（Chambord）逝世。

莫里斯是个爱吹牛的人，
因为招降了一座城市
他竟然比亚历山大还要激动，
然而这座城市其实并不打算抵抗。

154

本节说的是贝尔岛元帅，1747 年，他在
外省指挥军队。

V.

我们的策划者，制定了一个勇敢的计划
他应该从自己的怯懦和懒惰中看到，
令法国人感到羞耻的是
匈牙利人践踏了普罗旺斯。

VI.

这里的大臣指的是达盖索·德·弗雷斯纳
先生（M. d'Aguesseau de Fresne）。

那位上了年纪的大臣
应该停止管理司法行政，
他的那个儿子
竟敢出售法官的职位。

VII.

这节诗写的是海军大臣和国务秘书。

莫勒帕和圣弗洛朗坦
不知道战争的技艺，
两个假圣洁的天主教徒
想必只有在床上才会取得成功。

VIII.

这里描述的是战争大臣。

达让松竟然顾忌此二人，
一直在我们的主人耳边吹风，
他踏着两人的残骸
青云直上。

这里谈的是前任主教米赫布瓦（Mirepoix），他掌管着教士的俸禄，还曾担任王太子（路易十五之子）的家庭教师，1755 年 8 月 20 日在巴黎病逝。

IX.

这个布瓦耶，可恶的修道士
为尊奉教皇谕旨而使国家陷入混乱，
因为他，正义之人被判有罪，
正义之人竟成了受害者。

该节诗文针对的是巴黎高等法院的首席大法官。

X.

莫普竟然可耻地屈服了
在这个偶像面前跪了下来，
他也成了高等法院的榜样，
意识到自己的责任却违背了它。

这里讲的是普通国务参事和外务大臣、财政总监。

XI.

布勒莱 [1] 期待着
把事情弄得更糟，
马绍还模仿他
让我们更加痛苦。

155

XII.

对于这些诗歌，某位骄傲的检察官
随意地批判和点评，
他们的武器揭露了
错误
并且将矛头直指国王。

---

[1]　路易·菲洛涅·布勒莱，1747 至 1751 年担任法国外务大臣，同时也是皮伊谢于尔子爵（vicomte de Puisieulx）。——译者注

5. "背叛信仰竟可不算犯罪"

这是一份滑稽可笑的高等法院法令。居亚尔将它交给了阿莱尔，在巴士底狱的审讯过程中，警察从阿莱尔的口袋中发现了这份法令。该文本现在收藏于阿森纳图书馆（ms. 11690, folio 89）。

图卢兹高等法院关于二十分之一税法令的批注

背叛信仰竟可不算犯罪，

将自己的朋友从家中赶走，

奸污邻人之妻，

抢劫和偷窃不再是可耻的行为。

同时与三姐妹交欢

竟也不再违背道德。

这种堕落行为

让祖先瞠目结舌；

我们正在等待一个法令

它允许人们胡作非为。

——签名：德·蒙塔鲁，首席法官

6. "肆意挥霍百姓的财富"

这里引用的版本来自巴黎市历史图书馆中的一部歌曲集（ms. 649,

pp.47–48）。另有两首诗与此诗曲调相近，但鲜少见于文献。

关于国王的讽刺诗

肆意挥霍百姓的财富，

你用自己造成的灾难计算时日，

贪得无厌的大臣和情妇的奴隶，

路易，仔细听听上天替你安排的命运吧。

曾几何时，你还是我们爱戴的对象，

在那些日子里，就不会有你的罪恶。

但往后的每一刻，你都会看到我们的热情正在减弱，

反叛的怒火正在我们心中熊熊燃烧。

那些没有取胜的战争让你的国家感到悲痛，

你过去没有将军，未来也将没有士兵。

人们称你为地球的仲裁者，

通过无耻的条约，你结束了战争。

在这些和你一起统治的小丑中，

今后谁还会认识他的国王呢？

你国库里的财宝被他们肆意挥霍；

他们搜刮百姓的血汗，耗尽你的税收，

与其说是为了让你重拾索然无味的快乐，

不如说是为了发泄他们自己可耻的淫欲。

你的国家已经陷入绝境，路易啊，这是你自寻的死路；

但是要小心，狂风暴雨终会降临到你的头上。

传染性的疾病污染了空气

你的农村不久之后就会变成沙漠，

所有城市都将笼罩在悲伤的氛围中，

你再也找不到邪恶的灵魂

为了敢于庆祝你所谓的功绩，

和因为痛恨你而留下的弗朗索瓦们：

如今仍在为你树立的雕像，

在你死后，我看见它被人们推到。

因为愧疚而饱受折磨，你最终走向死亡。

157   迷信的火把

点燃了你心中难以平复的恐惧。

紧随你后，地狱之门洞开，你唯一害怕的对象。

终于一切都弃你而去，奉承者，情妇，孩子。

一位临死的国王再没有谄媚者。

附录二

"一个娼妓的私生子"版本比较

第十章曾提过，在传播的过程中，这首歌的内容改变了很多，以至于没有任何一个单独的版本可以作为权威文本。然而，从另一方面来说，这种状况使得该诗歌的研究非常具有启发性，因为只要比对这些版本间的细微差别，我们就可以知道歌曲是如何在集体的口头（有时是书面）交流过程中发生变化的。在此，我列举了该诗歌的九份手稿：

1. 第一份藏于阿森纳图书馆（ms. 11690, folios 67-68）。巴士底狱审讯期间，警察从居亚尔的口袋中找到了该版本。它的标题是"宫廷的传闻：歌曲"，诗句分别被编为1至20号；但是5号、6号和7号都已经遗失。

2. 阿森纳图书馆（ms. 11683, folio 134）还藏有另外一份。在搜查皮丹萨特·德·迈罗伯特的公寓时，警察一共搜获了两份，这份的成文时间相对较早。它的标题是"法兰西现状，所配曲调是'当我的情人向我求爱时'"，一共有 11 句诗文。

3. 第三份来自阿森纳图书馆（ms. 11683, folio132）。在巴士底狱的档案里，有一类卷宗专门存放与迈罗伯特相关的材料，这份手稿和第二份手稿一样，均是来自迈罗伯特的卷宗。它一共有 23 句诗，而且其中一些诗句比较新颖，被潦草地书写在一张单页的纸片上，但是它的题目已经遗失了，只能通过首行诗句来辨别。

4. 第四份的来源是法国国家图书馆的《克莱朗博歌曲集》（ms. fr. 12717, pp.1–3）。该版本的标题是"一首关于 1747 年 8 月法兰西现状的歌曲，搭配的曲调是'当我的情人向我求爱时'"。它有 11 句诗文。

5. 第五个版本收录在法国国家图书馆（ms. fr. 12718），同样出自《克莱朗博歌曲集》，其所在的那一卷收藏的都是 1748 年的作品，标注的日期是"1748 年 4 月"。它没有题目，只包含了 6 句新诗。

6. 这一份来自法国国家图书馆（ms. fr. 12719）。和第五个版本一样，它也收藏在《克莱朗博歌曲集》中，只不过其所在的那一卷收录的是 1749 年的作品，标注的日期是"1749 年 2 月"。它同样没有标题，但是通过年代更早的歌曲的"套曲"便能识别它。这首诗一共有 11 句，其中一些诗句是新的。

7. 第七个版本收在巴黎市历史图书馆（ms. 648, pp.393–396）。其所在的歌曲集收藏了 1745 至 1748 年间的作品。它的标题是"一首关于宫廷中的君主、王妃、贵族和贵妇的讽刺歌曲，搭配的曲调是'我应该念忏悔经吗'"。它一共有 15 句。

8. 这个版本收藏在巴黎市历史图书馆（ms. 649, pp.70–74），它和第七个版本来自同一歌曲集，不过其所在的位置是第七版本的下一卷。它的题目是"歌曲，曲调是'啊！是他，啊！是他'"。它有 11 节诗句，只有部分是新句子。

9. 最后一个版本来自巴黎市历史图书馆（ms.580, folios 248–249）。它记录在另一个歌曲集中，除了一个单词"Air"外，题目的其他内容已经遗失了。右侧的页边空白处标有日期"1747 年 10 月"。此外，右边空白处还详细批注了这首歌所讽刺的人物。该诗一共有 12 句。

这首诗歌还有另外两个版本，它们不仅彼此不同，而且和上面九个版本也不相同。它们已被印刷出版，其中一首收录在埃米尔·劳尼（Emile Raunié）编的《十八世纪歌曲集》（*Chansonnier historique du XVIII. Siècle, Paris,* 1879–1884）中，具体位置是在第 VII 卷第 119—127 页；另一首则收录在《莫勒帕文集：散文，歌曲，短诗和其他讽刺诗》（*Recueil dit de Maurepas : Pièces libres, chansons, épigrammes et autres vers satiriques,* Leiden，1865），第 VI 卷第 120—122 页。

以下是同一首诗的七个版本。作为例子，它们说明了文本在传播过程中发生变化的方式。它们讽刺的对象都是贝尔岛元帅，当奥地利和撒丁人的军队（提到匈牙利人让人想起了匈牙利女王，奥地利的玛丽娅·特蕾莎）在 1746 年侵入普罗旺斯之后，他没能快速集结部队，将敌人赶出国境。内容如下：

1. 阿森纳图书馆（ms. 11690, folio 67）版本
　　我们的策划者，制订了一项像磨坊一样的项目

他应该从他的软弱和懒惰中看到

令法国人感到羞耻的是

匈牙利人蹂躏了普罗旺斯

2. 阿森纳图书馆（ms. 11683,folio 134）版本

我们的策划者，制订了一个勇敢的计划

他应该从他的怯懦和懒惰中看到

令法国人感到羞耻的是

匈牙利人践踏了普罗旺斯

3. 法国国家图书馆（ms. 12717, p.1）版本

我们的策划者，制订了一个勇敢的计划

他应该从他的怯懦和懒惰中看到

令法国人感到羞耻的是

匈牙利人践踏了普罗旺斯

4. 法国国家图书馆（ms. 12719, p.83）版本

我们的策划者，制订了一个像磨坊一样的计划

他应该从他的软弱和懒惰中看到

令法国人感到羞耻的是

匈牙利人离开了普罗旺斯

5. 巴黎市历史图书馆（ms. 648, p.393）版本

　　我们的策划者，制订了一个勇敢的计划

　　他应该从他的怯懦和懒惰中看到

　　令法国人感到羞耻的是

　　匈牙利人践踏了普罗旺斯

6. 巴黎市历史图书馆（ms. 649, p.70）版本

　　我们的策划者，制订了一个像磨坊一样的计划

　　他应该从他的软弱和懒惰中看到

　　令法国人感到羞耻的是

　　匈牙利人离开了普罗旺斯

7. 巴黎市历史图书馆（ms. 580, folio 248）版本

　　我们的策划者，制订了一个勇敢的计划

　　他应该从他的怯懦和懒惰中看到

　　令法国人感到羞耻的是

　　匈牙利人践踏了普罗旺斯

附录三

诗歌与莫勒帕的倒台

由拉特里（E.-J.-B. Rathery）编纂的《达让松侯爵的日记和回忆录》（*Journal et mémoires du marquis d'Argenson*, Paris, 1862）详细地介绍了莫勒帕事件。该事件牵涉到了"蓬巴杜"和"白色风信子"。当时的人认为，这两个因素是导致莫勒帕失势的原因。在《达让松侯爵的日记和回忆录》的第五卷第 456 页，有这样一段诗歌：

> 凭借高贵而随意的姿态
>
> 鸢尾花啊，你迷惑了我们的心灵。
>
> 在我们的道路上，你撒满了花朵，
>
> 但那都是白色的鲜花。
>
> （关于"白色的鲜花"的象征意义，请参见本书第五章。）

《路易十五的私生活，及其统治时期的主要事件、特点和轶事》

第二卷第 303 页中有与上述诗歌相同的叙述。该叙述声称下面这个版本的歌曲出现在了某份笔记之中，并被放在了蓬巴杜吃晚餐时用的餐巾纸里。该诗歌内容如下：

> 侯爵夫人极具诱惑力；
>
> 她的特点是活泼，也十分坦率，
>
> 花朵诞生在她的脚步之下：
>
> 但是，哎呀，这些是白色的花。

163

巴黎市历史图书馆中的某份歌曲集（ms. 649, pp.121 & 126）对该事件做了更充分的描述，而且还记载了上述诗歌的另外一个版本。这段描述如下：

一件与莫勒帕伯爵的不幸遭遇相关的轶事

某天，国王对莫勒帕说，有些人正在巴黎散布一些语言粗俗的诗歌。莫勒帕回答说，贝里耶的警察工作做得很好，但是战争大臣达让松先生却没有能够阻止有人宣读这些影响恶劣、批评路易十四的作品。他还说，这些诗歌是在黎塞留公爵自热那亚回来之后才出现的。国王陛下对黎塞留的态度开始变得非常冷淡。某天，当国王独自一人的时候，公爵将他拦住，并希望国王告诉自己不受待见的原因。国王则将莫勒帕对自己说的话告诉了黎塞留。这令黎塞留非常生气。他告诉国王，自己一定会找到那些诗歌的作

者。他要求一个人伪装成他的兄弟，前往艾吉永公爵夫人（Mme la
duchesse d'Aiguillon）家里吃夜宵。莫勒帕每天都会去她家里。在
公爵夫人家里，大家一边吃着梨和奶酪，一边唱歌，一边随意地
朗诵诗歌，或者朗读一些讽刺教区主教的作品。这些事情都被黎
塞留的假兄弟发现了。然后，这位假兄弟找到了黎塞留公爵，并
向公爵汇报了自己听到的事情。最后，黎塞留找准时机，将这些
信息都呈给了国王。

歌曲

164
　　蓬巴杜侯爵夫人在一座小城堡的花园里采了一束白色的花，
并将它献给了国王。人们说，正是这束花导致了莫勒帕的失势。
因为，在这个花园里，只有黎塞留公爵和他知道这件事，而且，
当天还有人在房间的壁炉上发现了这首诗歌，由此，人们推断出
该诗是莫勒帕写的。

曲调（题目缺失）

凭借高贵而随意的姿态
蓬巴杜啊，你迷惑了我们的心灵；
你的每一个步伐都播种了花朵，
但都是白色的花。

这首诗还有另外一个版本，而且也被别人看成是一首歌曲。该文

件现在收藏于法国国家图书馆收藏（ms. fr. 13709, folio 42v）。它收录在《一手新闻》（*Nouvelles à la Main*）中，该书的创作地点是勒让德尔·杜布莱夫人（Mme. M.-A. Legendre Doublet）的沙龙。该版本的内容如下：

曲调：当危险是舒适的时候

凭借高贵而直率的姿态，

普瓦松，你迷惑了所有人的心灵；

你的步伐之下都播种了花朵

但都是白色的花。

附录四

十四人事件的踪迹

此部分给出的材料是十四人事件的调查总结报告，虽然未曾署名，但是很明显出自某位警察之手。它如今收藏在阿森纳图书馆（ms. 11690, folios 150–151），放在与十四人事件相关的档案中。其内容如下：

1749 年 7 月	与这些诗歌相关的事件
博尼斯从教士爱德华手中获得了 1 号诗。	**博尼斯**，出生于佩里戈尔的蒙蒂纳茨（Montignac en Périgord），他通过了波尔多医学院的中学毕业会考，是赛格学院的管理员。此外，他也是耶稣会士学院的寄宿生。他在 7 月 4 日被捕。
爱德华将 1 号诗传递给了博尼斯，而他自己的 1 号诗是从蒙唐热那里获得的。	**爱德华**是欧坦教区（diocèse d'Autun）的教士，住在圣尼古拉斯·香榭丽舍大街教区（la paroisse St. Nicolas des Champs）。他在 7 月 5 日被捕。

他将 1 号诗给了爱德华，他自己则是从杜加斯处获得的。

安甘贝尔·德·蒙唐热出生在孔巴（Comtat），他不仅是纳瓦拉宗教学校的教士，通过了中学会考，还是卡庞特拉（Carpentras）主教的亲戚。他于 7 月 8 日被捕。

他把 1 号诗送给了蒙唐热，他的来源则是阿莱尔。

杜加斯，出生于里昂，是奥莱龙（Oléron）的副祭议事司铎（diacre chanoine），在纳瓦拉宗教学校获得学士学位。杜加斯在 7 月 8 日被捕。

166

阿莱尔的 1 号诗给了杜加斯，而阿莱尔的则来自茹雷。他还说自己从居亚尔那里获得了关于爱德华亲王、二十分之一税以及"宫廷的传闻"的诗歌。

阿莱尔，出生地也是里昂，时年 18 岁，是学法律的学生。他在 7 月 9 日被捕。

他从杜肖富尔那里获得了 1 号诗，并把该诗给了阿莱尔。

茹雷，出生于巴黎，18 岁，是某位大议会检察官的职员。7 月 9 日被捕。

他把一些关于二十分之一税的诗歌传递给了阿莱尔。在西格涅背诵两首诗时，他将之写了下来。这两首诗歌的首句分别为"不幸的法国人啊，他们的命运多么悲惨"和"背叛信仰竟可不算犯罪"。此外，鲍桑库特将"宫廷的传闻"和"人们从前何等高傲啊，如今却如此卑躬屈膝"这两首诗给了他。修道院院长梅西耶将关于宫廷的诗歌"啊！是他，啊！是他"传给了他。"啊！是他，啊！是他"和"宫廷的传闻"是同一首诗歌。

居亚尔修道院院长，居住在巴耶学院。阿莱尔举报居亚尔收藏了超出警察追缴范围的诗歌，最后他于 7 月 10 日被捕。

他把 1 号诗传给了茹雷。在课堂上，瓦尔蒙凭记忆口授了这首诗。

杜肖富尔，出生于巴黎，时年 19 岁，在哈科特学院学习哲学，因为诗歌被茹雷举报，于 7 月 10 日被捕。

167　　他把关于宫廷的诗歌"啊！是他，啊！是他"传给了居亚尔。他是从圣尼古拉斯杜沙多内神学院的泰雷处获得的这首诗。此外，他还从泰雷那里收到了"不幸的法国人啊，他们的命运多么悲惨"和"人们从前何等高傲啊，如今却如此卑躬屈膝"这两首诗。

梅西耶修道院院长，是昂热主教区（diocèse d'Angers）的副助祭（sousdiacre），专业是艺术。除了 1 号诗外，居亚尔修道院院长举报他还收藏了其他诗歌。梅西耶于 7 月 10 日被捕。

他把"宫廷的传闻"和"人们从前何等高傲啊，如今却如此卑躬屈膝"这两首传给了居亚尔。"人们从前何等高傲啊"是高级司法院的议员朗格卢瓦·德·盖拉尔给他的，"宫廷的传闻"则是一个会计师的儿子门霍特传给他的。

鲍桑库特修道院院长，出生地是阿尔萨斯的阿格诺（Haguenau en Alsace），索邦的教士和参事。除了 1 号诗外，居亚尔举报他还藏有其他诗歌。他于 7 月 13 日被捕。

审讯期间，他不仅否认自己写过反对国王的诗歌，还否认自己曾持有或者向别人口授过反对国王的诗。

西格涅修道院院长，他不仅是图尔主教区（diocèse de Toul）的副祭，还是普莱西斯学院的哲学教授。除了 1 号诗歌外，鲍桑库特和居亚尔举报他还收藏有其他诗歌。最后于 7 月 16 日被捕。

他声称瓦尔蒙给了他三首诗歌，即关于莫勒帕流放的诗歌、"不幸的法国人啊，他们的命运多么悲惨"和"肆意挥霍百姓的财富"。但是，他否认自己曾把这些诗歌送给了别人。

他将杜肖富尔被捕的消息告诉了瓦尔蒙，而他自己则在 7 月 10 日躲过了一劫。

他声称自己曾在瓦尔蒙面前背诵了"肆意挥霍百姓的财富"这首诗中的几句，瓦尔蒙也将这首诗记了下来。但是，他并不记得是谁把这首诗给他的。

他说，自己在课堂上给杜肖富尔念了两首诗，分别是"黑色狂怒的怪物"和关于莫勒帕被流放的诗歌。他的行为与莫贝尔·弗雷纳斯有点相似，后者也在自己的兄弟面前，朗诵了上文提到的两首诗。最后，莫贝尔的兄弟被抓。此外，他还从检察官的办事员拉杜里那里获得了"人们从前何等高傲啊，如今却如此卑躬屈膝"。最后，特罗还把"肆意挥霍百姓的财富"传给了他。

莫贝尔是一名学哲学生。7 月 19 日被捕。

特朗谢，是公证处的办事员，他还是戴梅里的密探。7 月 19 日被捕。

特罗在 7 月 25 日被捕。

168

瓦尔蒙在 7 月 26 日录了这份口供。

附录五

流行的曲调

　　在传播史上，最引人入胜又最不为人知的一个方面便是旋律的力量。在大多数社会中，大部分人都知道一些其他人也熟知的曲调，这些旋律是他们的文化中特有的，同时也时刻"装在"人们的脑子里。曲调的起源可能是宗教的、商业的、歌剧的、爱国的或者说（暂未找到更好的词来形容）传统的，但是不管怎样，曲调都有强大的传递信息的能力。特别是在识字率较低的社会中，它们成了集体记忆的一部分。作为记忆的一种方式，它们也发挥了很好的效果。歌唱家会往旧曲里填新词，这样，他们便能在口头信息传播网中快速地传递消息。十四人事件提供了一个难得的机会，使我们得以近距离地研究这一过程。而且，它还有助于我们解决一个与之相关的问题：18世纪中期的巴黎人对这些曲调有着怎样的理解？

　　这个问题没有确切的答案，但是，巴黎各处的档案馆中收藏了很多歌曲集，其中有数百份与歌曲曲调相关的信息，而这些歌也正是18

世纪人们在街头每日吟唱的东西。曲子的变化一定会让翻阅歌曲集的人感到震惊。其中一些曲子非常受欢迎，在几个月的时间里，它们会飞速传播，但是不久后便销声匿迹了。比如，1747 年流行一种叫做"pantins"的厚纸板牵线木偶，因而"傀儡戏"（Les Pantins）这段曲调就被当时各种各样的歌曲使用。但是到了 1748 年，这段旋律就渐渐消失了。[1] 一年之后，一段叫"巴尔纳巴斯神父的拐杖"（La Béquille du père Barnabas）的旋律走红，并持续了好几个月。还有一些旋律可以追溯到 18 世纪初期甚至更早，比如"我应该念忏悔经吗"、"喝一杯"（Lampons）和"苏醒吧，睡美人"等。[2] 大多数曲调似乎都能"存活"十至二十年，然而，我发现的那些在 18 世纪 40 年代流行的旋律如今都已被遗忘了。

　　巴黎市历史图书馆（ms. 646-650）中有一份歌曲集，它收录的材料非常丰富。如果想要了解 1740 至 1750 年间最流行的曲调，它或许可以为我们提供索引。厚厚的五卷本包含了几十首歌曲，而其中利用

170

171

---

[1]　这段曲调最开始以"傀儡戏"闻名，它似乎是为了某个木偶戏中的一首歌而创作的，该歌曲现在收藏于巴黎市历史图书馆（ms. 648, p.288），其部分歌词如下："它没什么特别的；它没有家，也没有不停地跳舞；它只是个由纸做的木偶；同时，它也只是个由纸板裁剪而成的各式各样的猕猴。"高等法院强烈抵制《乌尼詹尼图斯谕旨》，当时的一些歌曲便采用这段来抗议，其中有一首歌也提到了该曲调的流行程度。这首歌现在收藏于法国国家图书馆（ms. fr. 12716, p.147）："巴黎高等法院于去年 2 月 17 日颁布了关于《乌尼詹尼图斯谕旨》的法令，这首歌是关于此事的，而它所配的曲调是 les Pantins，其内容如下：按照 les Pantins 的曲调来唱；既然这个曲调这么流行；那就按照 les Pantins 的曲调来唱；由我们的法官来唱高音。"

[2]　查找这些曲调可以参见《歌曲文集的关键，或一百多年以来的歌舞剧汇编，J. -B. - 克里斯托夫·巴拉尔首次标注和收集》（Paris, 1717, Vol.I, pp.32, 124, 130）。

到的曲调有 103 个。以下是从这 103 个曲调中挑选的几个，标题都比

较传统，后面的数字表示它们在歌曲集中出现的次数：

"蒙娜丽莎"（Joconde）   18 次

"巴黎市长"（Prévôt des marchands）   17 次

"世上所有的嘉布遣会修士"（Tous les capucins du monde）   15 次

"自缢者"（Les Pendus）   11 次

"那里便是要去的树林"（Voilà ce que c'est d'aller au bois）   9 次

"傀儡戏"（Les Pantins）   7 次

"我应该念忏悔经吗"（Dirai-je mon Confiteor）   4 次

"无知又卖弄风情的女子"（La Coquette sans le savoir）   4 次

"园林工人，你没有看见"（Jardinier, ne vois-tu pas）   4 次

"你的心情是凯瑟琳"（Ton humeur est Catherine）   4 次

"唉，夫人，那就去那里吧"（Eh, y allons donc, mademoiselle） 4 次

"敦刻尔克的钟声"（Le Carillon de Dunkerque）   4 次

"喝一杯"（Lampons）   3 次

"比里比"（Biribi）或"以野蛮人的方式"（A la façon

      de Barbarie）   3 次

"巴尔纳巴斯神父的拐杖"（La Béquille du père Barnabas）   3 次

"我们享受着我们的小村庄"（Nous jouissons dans nos

      hameaux）   3 次

"你非常理解我"（Vous m'entendez bien）   3 次

"或者，你说，玛丽"（Or, vous dîtes, Marie）　　　　　　　3 次

"丑角"（Les Pierrots）　　　　　　　　　　　　　　　　　3 次

　　搭配"我应该念忏悔经吗"的诗歌是攻击蓬巴杜夫人的"一个娼妓的私生子"。在上文提到的引用次数中，该曲调排名虽然不是很靠前，但是也占据了一个接近中间的位置。此外，在 www.hup.harvard. edu/features/darpoe 上的 12 首歌曲里，有 5 个曲调也在上面的统计中。

172

　　要估计网站上那 12 首歌曲的受欢迎程度，另一方法是在法国国家图书馆收藏的两份规模最大的歌曲集中寻找它们的踪迹，即《克莱朗博歌曲集》和《莫勒帕歌曲集》。前者索引号是 ms. fr. 12707-12720，一共有 14 卷，涵盖年份是 1737 至 1750 年。后者索引号是 ms. fr. 12635-12650，有 6 卷，覆盖年份是 1738 至 1747 年。这两份歌曲集虽然特点不同，但是它们收录的那 12 首曲子，表现出了相似的引用率。

《克莱朗博歌曲集》引用次数	曲调标题	《莫勒帕歌曲集》引用次数
14	我应该念忏悔经吗	9
9	苏醒吧，睡美人	6
7	喝一杯	5
6	傀儡戏	4
5	比里比	4
4	无知又卖弄风情的女子	4
2	颤抖者（Les Trembleurs）	1
1	我们的将军们（Messieurs nos généraux）	1

续表

《克莱朗博歌曲集》引用次数	曲调标题	《莫勒帕歌曲集》引用次数
1	仇恨，仇恨，仇恨，法国式女童子军（Haïe, Haïe, Haïe, Jeannette）	1
1	因不幸而死（La Mort pour les malheureux）	0
0	我的尼古拉，你那美丽的眼睛啊（Tes beaux yeux, ma Nicole）	0
0	这个新生儿，他在哪里呢？（Où est-il, ce petit nouveau-né）	0

　　由于数据统计的基础太小，我们从这些材料中得不出任何宏大的结论。但是，我认为以下说法是合理的：十四人事件中最引人注目的诗歌是"一个娼妓的私生子"，而它采用的旋律是1750年左右巴黎人最熟知的"我应该念忏悔经吗"。导致莫勒帕倒台的那首诗歌中有一句"凭借高贵而直率的态度"，而它搭配的旋律在当时也非常流行，即"苏醒吧，睡美人"。即使其中一些歌词并没有配上流行的曲调，但是，网站上的12首歌曲也向我们展示了音乐如何传递时事观点。总体来说，如果要了解巴黎人18世纪中期经常能听到的曲子，那么，这12首歌曲提供了非常具有代表性的样本。当然，舆论的嗡鸣和歌曲的演唱之间、歌声和思想之间并没有直接联系，但是，音乐和语言有着如此多的关联和相似，因此也可以说十四人事件触及到了集体意识中非常有力量的部分。

173

附录六

由埃莱娜·德拉沃演唱的卡巴莱电子音乐：
巴黎街头歌曲，1748—1750
歌词和注释说明

www.hup.harvard.edu/features/darpoe 提供的 12 首歌曲均可以下载。十四人事件时期，巴黎各处都可以听到它们的声音。当时的歌曲集也收录了这 12 首歌曲的歌词。它们的曲调则可以通过歌曲的首行文字或者标题来鉴别，这些都已经被法国国家图书馆的音乐部收藏在了 18 世纪的相关材料中。这些歌曲由埃莱娜·德拉沃演唱，给她伴奏的是吉他手克劳德·帕维（Claude Pavy）。18 世纪巴黎的街头歌手经常在小提琴和手风琴的伴奏下大声演唱。相对于 1750 年左右的巴黎人听到的声音，虽然德拉沃小姐的歌声并不能算精准的复制品，但它还是可以被粗略地理解为某种口头消息，在旧制度的传播网络中传递着信息。

这 12 首歌曲中只有开头的 2 首与十四人事件有直接联系。其他10 首特点不一，有的是饮酒歌谣，有的是歌剧的曲调，还有的是圣诞颂诗，但它们都表达着相同的主题。还有少数几首也说明了歌手会将时事写入歌词，比如当时发生的劳菲尔德战役（The Battle of Lawfeldt）以及《亚琛和约》的公告都被写入了歌中。它们对政府并无必然的敌意，尽管它们经常嘲讽大臣和侍臣并以此展现凡尔赛宫内部的政治斗争。大部分歌曲把蓬巴杜夫人作为攻击目标，经常以"Poisson"这个双关语来嘲笑她的娘家姓，因此得名"反普瓦松诗"。这也说明它们与1648至1653年投石党运动时期，以抨击马扎然为目标的"反马扎然文章"存在一定的联系。

1. 导致莫勒帕内阁失势的诗歌是"凭借高贵而随意的姿态"，搭配的曲子是"苏醒吧，睡美人"和"当危险是舒适的时候"。

1A. 这是一个比较传统的版本，既甜蜜又忧伤：

> 苏醒吧，睡美人，
>
> 如果我的话能让你高兴。
>
> 但是如果你有所顾虑，
>
> 那你就安睡吧，或者假装安睡。

出处：《歌曲文集的关键，或一百多年以来的歌舞剧汇编》（I, p.130）

1B. 这是一个非政治的滑稽模仿诗：

> 公爵夫人，在您那迷人的小径，
>
> 不是恩惠和笑声，

　　而是爱情致使颤动不停，

　　一群挥翅的蝙蝠。

出处：BnF, ms. fr. 13705, folio 2

1C. 这是一首攻击蓬巴杜夫人的歌：

176

　　凭借高贵而随意的姿态

　　鸢尾花啊，你迷惑了我们的心灵。

　　在我们的道路上，你撒满了花朵，

　　但那都是白色的鲜花。

出处：E. -J. -B. 拉特里编，《达让松的日记和回忆录》（ V, p.456 ）

　　2."一个娼妓的私生子"可以作为当时发生的事件的实时评论，它采用的曲调是"我应该念忏悔经吗"和"当我的情人向我求爱时"。

2A. 这是一个比较传统的版本，与求爱和爱情相关：

　　当我的情人向我求爱时，

　　他憔悴，他哭泣，他叹息，

　　和我度过的一整天

　　他都在倾诉内心的痛苦。

　　啊！如果他能用其他方式度日

他会让我感到无限欢心。

因为这位情人，完全冰冰冷冷，

我一定要找一些补偿。

我想要一个人，他能很好地对待

我的热情。

愿他每一刻都快乐

而且永远不会满足。

出处:《法国歌曲集，或者说歌曲、小抒情曲、歌舞剧以及其他
歌曲选集的汇编，每个文集后面还附有乐谱》(*Le Chansonnier français, ou
Recueil de chansons, ariettes, vaudevilles et autres couplets choisis, avec les airs noté à la fin de
chaque recueil*，VIII, pp.119–120，无出版地和出版时间)。

2B. 这是一个经改编以批评宫廷政治的文本:

这首诗歌非常流行，也有很多版本，可以参见"十四人事件涉及
的乐曲及诗歌"和"'一个娼妓的私生子'版本比较"这两部分（即
本书附录一、二)。埃莱娜·德拉沃的录音只包含了下面这个版本的前
五节。

关于蓬巴杜夫人和路易十五

一个娼妓的私生子

竟然能在宫廷青云直上，

175

在爱情和美酒中，

路易轻易地获得了荣耀。

啊！是他，啊！是他，

他什么也不关心。

关于王太子

肥胖的王太子殿下

竟然和他看起来一样愚蠢，

这个国家应该感到害怕

未来就画在他的脸上。

啊！是他，等等。

关于蓬巴杜的兄弟

爱慕虚荣的光泽令人眼花缭乱，

普瓦松的行为举止像个花花公子，

他竟然认为在宫廷中

一个自命不凡的人很难被重视。

关于萨克森元帅

莫里斯是个爱吹牛的人，

因为招降了一座城市

他竟然比亚历山大还要激动，

然而这座城市其实并不打算抵抗。

关于贝尔岛元帅

我们的策划者，制定了一个勇敢的计划

他应该从自己的怯懦和懒惰中看到，

令法国感到羞耻的是

匈牙利人践踏了普罗旺斯。

关于掌玺大臣达盖索

那位上了年纪的大臣

应该停止管理司法行政，

他的那个儿子

竟敢出售法官的职位。

关于大臣莫勒帕和圣弗洛朗坦

莫勒帕和圣弗洛朗坦

不知道战争的技艺，

两个假圣洁的天主教徒

想必只有在床上才能取得成功。

关于战争大臣达让松伯爵

达让松竟然顾忌此二人，

一直在我们的主人耳边吹风，

他踏着两人的残骸

青云直上。

关于布瓦耶，他是负责任命圣职人员的教会官员

这个布瓦耶，可恶的修道士

为尊奉教皇谕旨［即《乌尼詹尼图斯谕旨》］而使国家陷入

混乱，

因为他，正义之人被判有罪，

正义之人竟成了受害者［指被要求放弃詹森主义］。

关于莫普，他是巴黎高等法院的首席大法官

莫普竟然可耻地屈服了

在这个偶像［即蓬巴杜］面前跪了下来，

他也成了高等法院的榜样，

意识到自己的责任却违背了它。

关于皮伊谢于尔和马绍，他们分别是外务和财政大臣

179

布勒莱期待着（一个机会）

把事情弄得更糟，

马绍还模仿他

让我们更加痛苦。

对于这些诗歌，某位骄傲的检察官

随意地批判和点评，

他们的武器揭露了

错误

并且将矛头直指国王。

出处：巴黎市历史图书馆（ms. 580, folios 248–249）

3. 这是一首关于 1747 年 7 月 2 日劳菲尔德战役的诗歌。战斗双方是
法国军队和坎伯兰公爵（the Duke of Cumberland，乔治二世的儿子）领
导的同盟军队。尽管坎伯兰没有被彻底击垮，但他从战场上撤回了军队，
因而法国人认为自己取得了胜利。这首诗歌搭配的曲调是"傀儡戏"：

所有巴黎人都非常高兴。

国王已经准备前往荷兰。

所有巴黎人都非常高兴。

我们让坎伯兰经历了一次惨败

并且告诉他，"孩子，

你的爸爸正在等着你呢。

跟泽兰省[1] 说再见，

---

[1]　泽兰省（Zeeland）：位于荷兰的西南部，是劳菲尔德战役的主战场。

快点，狼狈撤退吧。"

出处：巴黎市历史图书馆（ms. 648, p.36）

4. 这首歌与《亚琛和约》相关。该条约于 1749 年 2 月 12 日在巴黎签订，同时巴黎还举办了庆典，庆祝奥地利王位继承战争的结束。然而，巴黎人并不认可这份条约，因为它规定法国必须归还法军占领的奥属尼德兰地区。更有甚者，财政总监马绍拒绝废除为了支付战争费用而征收的"特别税"。最后，马绍用繁重且半永久性的"二十分之一税"取代了"特别税"。这首诗歌搭配的曲调是"比里比"，它是一首非常受欢迎的小曲子，还带有一组没有意义的叠句。 180

所以终于到了星期三
这天会有很多节目，
和平与贫困的现状
终将在巴黎得到确认，
据说，马绍并不想，
La faridondaine, la faridondon,
撤销他征收的税款，
Biribi,
以野蛮人的方式，我的朋友。

出处：阿森纳图书馆（ms. 11683, folio 125）

5. 这首诗歌与上文提及的和平庆典有关。然而，该庆典办得很糟糕。巴黎人将不满发泄到市长贝尔纳热头上，因为他是此次庆典的组织者。他在街道上和塞纳河上为游行队伍准备了花车，但是人们普遍觉得这些东西不伦不类、十分可笑。而且，贝尔纳热也没有准备充足的食物和饮品。这首诗歌配的乐曲是"为了不幸而死"。

这是什么公共盛宴？

是一次野餐吗？

不，

这是一场爆破行动，

据说，这是为了，

庆祝和平。

所有精致的准备

都需要向城市收钱。

精美如斯，可口如斯

又随处可见。

那些自助餐发出的效果

多么耀眼夺目！

而那个黄金地牢，

装饰如此之好，

简直就是一座圣殿。

但是哦！在水上，

还有其他魅力吸引，

我看见了漂浮的食堂

酒神巴克斯在这里

准备把科摩斯灌醉

并开一个名声不太好的店铺。

从这个壮观的场面来看

我们能给这位组织者取个名字吗？

以他为名，你说呢？不行，

因为贝尔纳热的名字有什么意义呢？

出处：巴黎市历史图书馆（ms. 649, p.75）

6. 这首诗歌讲述了莫勒帕的失势与流放，并被用来嘲笑其他侍臣，包括前任外务大臣热尔曼 - 路易·德·肖夫兰（Germain-Louis de Chauvelin）。此人是蓬巴杜夫人的心腹。蓬巴杜夫人也是被讽刺的主要目标，人们经常嘲笑她为"娼妓之母"（Maman Catin），或者叫她"埃蒂奥勒的王妃"（la Princesse d'Etiole）。这首诗歌用了当时流行的饮酒歌的曲子，"喝一杯，同志，喝一杯"。

再会了，亲爱的莫勒帕，
你现在在一个乱糟糟的地方。
为了你在布尔日的财产
你必须马上离开。
喝一杯，喝一杯吧，
同志，痛饮一杯吧。

182

多么可惜啊，肖夫兰，
你那温柔又善良的朋友，
不再生活在那个城镇；
你们本可以一起修屋盖房。

据说那个娼妓之母，
是她将你草草打发
看到你倒台她很开心，
是她导致了你的失败。

你的脑子里曾经有什么东西
能够激起她那骄傲的愤怒呢？
那个厚颜无耻的，愚蠢的傻瓜
竟然把你从梯子上摔下。

作为一名侍臣，你本可以

阿谀奉承她，

舔她的屁股，

就和拉弗里耶尔（La Vrillière）一样。

就好好想想吧

你们的不同命运

你已经被革职，

而他获得了圣灵勋章（le St. Esprit l'éclaire）。

为了在宫廷获得成功，

不管是谁在参与这游戏，

你必须在偶像面前弯腰，

偶像就是埃蒂奥勒的王妃。

出处：巴黎市历史图书馆（ms. 649, p.123）

7. 这首诗歌因为蓬巴杜夫人的平民身份、身体外貌以及所谓的庸俗而抨击她，认为这些象征着为国家的堕落和国王身份的降低。和其他的"反普瓦松诗"一样，这首诗歌也嘲笑了她的娘家姓。此外，它还运用了一种有名的修辞手段，即"回声"，不断重复每一句诗文的最后一个音节。有时，这种重复会变成一种双关。上文中的第 6 首诗歌的曲子会让人想起在酒馆喝酒的情形，但是这首诗歌所搭配的曲调"颤抖者"

183

却有一个优雅的出处。虽然这段乐曲也会在集市剧院演奏，但它实际出
自让 - 巴蒂斯特·吕里（Jean-Baptiste Lully）的戏剧《伊希斯》（*Isis*）。

大贵族正在变得邪恶，

金融家正在变得富裕，

所有的鱼都在变大。

这是无赖的统治。

这个国家的财政正在

因为建筑行业和奢靡的消费而耗尽。

国家正在堕落

国王不管任何事情，事情，事情。

一个低贱的有产者

竟然通过卑鄙的手段飞黄腾达，

用自己的标准评判一切，

把宫廷变成了贫民窟。

国王尽管有所顾忌，

却仍然无力地渴望着她，

这荒谬的爱情啊

让整个巴黎都笑了，笑了，笑了。

那个卑贱的淫妇

傲慢地控制着国王。

正是她，为了财富

把那些男人放在如此重要的位置。

每个人都在偶像面前下跪。

侍臣自取其辱，

他竟对此恶名甘之如饴，

然而这只会加剧贫穷（indigent），这帮假绅士（gent）啊，假 184
绅士（gent）。

了无生趣的表情，

肤色暗黄且有斑点，

每颗牙齿都有牙垢，

她的眼睛平淡无奇，她的脖子极度细长，

没有智慧，也没有特点，

她的灵魂不仅邪恶，还唯利是图，

她说的话都是村庄里的八卦，

每件事情都有关鱼（poisson），她啊（son），她啊（son）。

如果在被选中的美人中，

她是最漂亮的一个，

当对象有如宝石，

人们会原谅她的愚蠢。

但为如此无足轻重之人，

这样一个愚蠢的生物，

招致诸多严厉批评，

每个人都认为国王是疯了（fou），疯了，疯了（或：杂种

[fout]，杂种，杂种）。

我有什么好担心的呢，

他们写关于我的歌，说我有上百种恶习

我的王冠不是还在吗？

难道我已不是国王？难道我已不再富裕？

这只是一种极端的爱，

比任何王冠都强大，

它使君主变得苍白，

并使他的强大权力化为乌有，乌有，乌有。

妩媚的情妇，看看是否

是温柔引诱的荣幸

才使得你

默许了他的爱情。

小心保护权力

备受法国人爱戴者的权力，

如果你不想人们认为

他只是为你，为你，为你。

出处：法国国家图书馆（ms. fr. 13709, folios 29–30 and 71）

8. 这首"反普瓦松诗"也是攻击蓬巴杜夫人的，不过它声称要创作出更多反对她的作品。当然，它也讽刺了夫人的身体外貌。此外，为了取悦国王，蓬巴杜经常在凡尔赛私下举办歌舞剧演出，这首诗歌认为她的表演十分平庸。正如第 7 首歌所示，尽管国王迷恋他无甚益处的情妇，但是该诗歌还是对国王充满了同情。第 8 首诗歌配的曲子是"我们的将军们是诚实的人"（Messieurs nos généraux sont honnêtes gens）。然而，我们无法找到这首曲子的乐谱。为了说明将歌词配上曲调是一件非常容易的事情，埃莱娜·德拉沃借用"月光"（Au clair de la lune）来演唱这首诗歌，该曲调在 18 世纪的法国非常出名。

我们不能休息

只有这样才能写出更多歌。

普瓦松越感到生气，

我们就越能创造出新歌。

每天，她都在

为我们的诗歌提供素材

同时，她还想把我们

这些写诗的人关进监狱。

那些真正应该被关进监狱的，

是那些把她描绘成美人

却没有唱出

她那明显特征的人

她那肮脏的乳房，

她的脑袋和手臂，

以及她的呼吸，总是

闻起来并不香甜。

她的歌剧

实在是太低俗了，

应歌剧礼仪要求

每一位大臣都需在场。

场场歌剧都需要有人夸赞

她那低沉的唱歌方式，

她那像山羊一样的声音

以及她那疯狂的表演风格。

她希望我们称赞

她那困乏的才华，

坚信自己

已经在王位上坐得够久。

186

> 但是她的脚在打滑，
>
> 国王也在改邪归正；
>
> 只要牺牲她，
>
> 国王就能重获我们的信任。

出处：BnF, ms. fr. 13709, folio 41

9.这首诗歌预言，国王不久之后便会对蓬巴杜夫人和她无聊的戏剧感到厌烦。它的旋律来自一首圣诞歌曲，名为"这个新生儿，他在哪里呢？"。表面上看，这些圣诞歌曲是圣诞节的颂歌，但是传统上，它们的创作时间是每年年底，目的是讽刺大臣和凡尔赛宫的其他大人物。

> 国王很快就会
>
> 对他的傻丫头感到厌倦。
>
> 即使躺在她的怀里，
>
> 无聊都会慢慢接近他，吞噬他；
>
> 什么？他说，一直看歌剧，
>
> 我们还要看更多的歌剧吗？

出自：BnF, ms. fr. 13709, folio 42

10.这首诗歌使用了双关语，以蓬巴杜的娘家姓来讽刺她出身低微。这个常见的主题可能源自宫廷，是一种对"普瓦松"的贵族式的偏见。尽管它们的语气十分不敬，但是丝毫没有革命的迹象。该诗歌所搭配的曲子是"我的尼古拉，你那美丽的眼睛啊"。

> 以前是凡尔赛
>
> 为人们树立了良好的品味标准；
>
> 但如今，低贱之人
>
> 正在进行统治，已经占据上风。
>
> 如果宫廷自甘堕落，
>
> 我们为何要感到吃惊？
>
> 我们不正是从菜市场上
>
> 买到"鱼"的吗？

出处：BnF, ms. fr. 13709, folio 71

11. 路易十五与蓬巴杜夫人的相识过程有很多种说法，这首诗歌就在讲述他们之间的故事。蓬巴杜夫人曾嫁给了埃蒂奥勒，他是位金融家。同时，埃蒂奥勒的叔叔是一个臭名昭著的包税人，名叫图尔纳姆。此外，该诗还提到了"金融"（finance）一词，表明它认为国王也加入了搜刮民脂民膏的行列。有谣言称，为了庆祝王太子的婚礼，宫廷曾举办了一场假面舞会，有一些平民也加入其中，当时路易还是鳏夫。正是在这场舞会上，路易和他未来的情妇相遇了。这首诗歌所配的曲子是"仇恨，仇恨，仇恨，法国式女童子军"。

我们那可怜的国王路易啊

他已经陷入新的镣铐之中。

就是在他儿子的婚礼上

他居然找到了从寡居期解脱的办法。

仇恨，仇恨，仇恨，法国式女童子军，

法国式女童子军，仇恨，仇恨，仇恨。

巴黎的有产阶级　　　　　　　　　　　　188

在舞会上有一个优势。

从一群低贱的、爱说闲话的人中

他选择了自己的对象

仇恨，仇恨啊。

宫廷中的人说，国王

已经投身金融了。

在这个行业里，他希望有朝一日

自己能够飞黄腾达。

徒劳啊，

宫廷中的女子

已发觉此事荒谬。

不论国王或爱神

诸多顾虑皆已消。

出处：BnF, ms. fr. 13701, folio 20

12. 这是最后一首"反普瓦松诗"，相比其他诗歌，它在攻击目标
上更进了一步，不再讽刺蓬巴杜，而是将矛头直指路易十五本人。它
批评国王缺少男子气概。它配的曲子是"无知"（Sans le savoir），或名
"无知又卖弄风情的女子"。其内容如下：

好吧，鲁莽的有产阶级，

你说你取悦国王

还说他满足了你的期望。

别再打这种小算盘了；

我们知道，在那个夜晚

国王想要证明他是温柔的，

但是他没能做到。

出处：BnF, ms. fr. 13701, folio 20

索　引

索引页码为原书页码，即本书页边码。

险 , 22; 审讯技巧 , 23; 从警察卷宗中可见诗句的流行程度 , 116-117; 被记录下的公共舆论 , 129; 收集储存了很多广受欢迎的人民表达不满的文书 , 120-121; 用于逮捕嫌疑人的诡计 , 8, 26-27. 另见 Dossiers, police; Spies, police

Politics 政治 , 1, 31-36, 40-41, 128

Pompadour, Jeanne Antoinette Poisson, marquise de 蓬巴杜夫人 , 29, 104, 122; 因说蓬巴杜夫人坏话而展开的逮捕行动 , 50, 51-52; 她的兄弟 , 177; 作为平民 , 43, 65, 182; 被与阿涅丝·索雷尔比较 , 59-60, 123; 绰号 , 181, 182; 白色鲜花的暗喻 , 34, 94, 162-164, 176; 相关玩笑与讽刺作品 , 108- 109; 对达让松侯爵的敌意 , 124-125; 与莫勒帕 , 32-35,42, 94,162-164, 175-176; 在歌曲中被嘲讽 ,67,93-94, 96, 97, 98-100; 表演歌舞剧 , 185-186; 与 "反普瓦松诗" 声乐套曲 , 69, 126-127, 175, 182-188; 针对她的公共舆论 , 126; 在文字游戏中 , 106-107

Pont-neuf songs 新桥歌手 , 85

Pope 教皇 , 49, 89, 117

Posters 海报 , 85, 111-112, 120

Pretender, the 王位觊觎者 . 见 Edouard, Prince (the Pretender), Affair of

"Prévôt des marchands, Le" (popular tune) "巴黎市长" (流行曲调) , 90, 171, 201n17

Priests 教士 , 9, 11, 19, 49, 129-130. See also Abbés

Princes 王子 , 40

Printing press 印刷机 , 132, 133

Prints 印刷品 , 126, 130

Procope café 普罗可布咖啡 , 51, 72

Progress, Condorcet's theory of 孔多塞的进步理论 , 138-139

Prostitutes 妓女 , 89

Public opinion 公共舆论 , 12-14, 40, 124, 130-132, 139; 与孔多塞的观念 , 131-132, 137-138; 相互矛盾的定义与知识 , 129, 207n1; 路易十五对公共舆论的敏感 , 41, 42-43; 与梅西耶的想法 , 132-136, 138; 从哲学的角度看 , 132, 135, 136; 达

文景

社 科 新 知 　 文 艺 新 潮

Horizon

诗歌与警察：18世纪巴黎的交流网络

[美] 罗伯特·达恩顿　著

谷大建　张弛　译

出 品 人：姚映然
责任编辑：周官雨希
营销编辑：胡珍珍
装帧设计：许晋维
美术编辑：安克晨

出　　品：北京世纪文景文化传播有限责任公司
　　　　　（北京朝阳区东土城路8号林达大厦A座4A 100013）
出版发行：上海人民出版社
印　　刷：山东临沂新华印刷物流集团有限责任公司
制　　版：北京楠竹文化发展有限公司

开 本：850mm×1168mm　1/32
印 张：8　 字 数：152，000　 插页：2
2025年6月第1版　 2025年6月第1次印刷
定 价：69.80元
ISBN：978-7-208-18084-0 / K·3257

图书在版编目（CIP）数据

诗歌与警察：18世纪巴黎的交流网络 /（美）罗伯
特·达恩顿 (Robert Darnton) 著；谷大建，张弛译
. -- 上海：上海人民出版社, 2023
书名原文：Poetry and the Police: Communication
Networks in Eighteenth-Century Paris
ISBN 978-7-208-18084-0

Ⅰ.①诗… Ⅱ.①罗…②谷…③张… Ⅲ.①舆论学
–研究–巴黎–18世纪 Ⅳ.①G219.565

中国版本图书馆CIP数据核字（2022）第257910号

本书如有印装错误，请致电本社更换 010-52187586

社科新知　文艺新潮　｜　与文景相遇

| 微信公众号 | 微　博 | 豆　瓣 |
| bilibili | 抖　音 | 小红书 |